ジョセフ・ティテル

霊的感性の気付きかた

ジョセフ・ティテル 著　永井涼一 訳

明窓出版

私の母バーバラに。

天使のようにいつも私を見守ってくれますように。

感　謝――私をめぐる全ての人へ

私の母、バーバラ・ティテルへ。偉大な母であるだけでなく、あの世から私が望む証拠を送ってくれました。あなたが敬愛していた天使たちと、調和の中で暮らしてください。

私の父、ビル・ティテルへ。私の人生で、先へ進む勇気を与えてくれました。ありがとう、パパ。

特別な感謝をパートナーのロバート・ブレイニングへ。私の信念がゆらいでいた時でさえも、私と私の仕事を支援し、信頼してくれました。

あの世へ渡ったすべての家族と友人たちへ。あなた方のあの世からのメッセージは、私が運命づけられた人生の道を進んで行く助けとなりました。

私のスピリット・ガイドたちへ。親友であり、仕事を通して私を導き、何よりも私に辛抱強くいてくれました。

アリソン・ケリーへ。彼女の素晴らしい編集技術がなければ、この本は存在していません。

最後に、私を「スピリット・マン」と呼びその名を広める支援を始めてくれた友人たちへ。ドナ（ママ・グース）、マイク（教授）、デビー、マーク、ブリッジ・マーフィー、ビル、ケリー、エイプリル、マム・ディー、パムとキャンディス・ブレイニングのすべての偉大な援助に。スーザン・デュバル……これからも続けられます。皆さんありがとう。

私の叔母フランへ。すべての援助、励まし、中でも私を信じてくれた事、ありがとう。

プロローグ

この本の中で、私は霊媒師になるまでの自分自身の遍歴について話していきます。

また、死者との交信や、未来の予知に関する多くの体験を、あなたは垣間見る事ができるでしょう。私が共有したいのは、希望と癒しのメッセージですが、それらすべては霊媒師としての私の道程で学んだものです。

この本はドキュメンタリーで、私の霊の世界での人生体験を年代順に記録したものです。

私の目標は、私自身の亡き家族と、私がリーディングをした人々の亡き家族との交信から得た体験を、読者であるあなたにお話する事です。

本書の内容のすべては、そうした体験の正確な描写であり、演出や誇張はありません。登場人物たちは実在しますが、一部の人たちの名前はプライバシー保護のため代えてあります。

私たちは死後あの世へ行きますが、亡くなった家族は今でもまだ人生の一部であり、私たちが人生で成果を上げていくのを見守っています。あなたが本書からそれを理解し、心を開いてくだされば幸いです。

私の体験を共有していただく事が、最愛の人を失くした時に、あなたに必要な癒しと証《あかし》を得る助けになる事を願っています。

ジョセフ・ティテル 霊的感性の気付きかた 目次

感　謝――私をめぐる全ての人へ　3

プロローグ　5

第1章
すべての始まり　11

ビジョン　11
飛行体験　13
予　感　14
霊能力への自覚　16
私たちは皆霊能者　23

第2章
母との別れ　26

悲しい知らせ　29
突然の呼びかけ　34

第3章 母が私に教えてくれたこと 38
霊媒能力の回生 39
ふたたび母に会う 44
母からのサイン 45
母からのさらなるサイン 49
サインは誰の下にも届く 54
第4章 自分の家族との交信 57
懐疑論者からカード・リーダーへ 58
叔父のハリー 60
さよならを言うこと 61
驚き 64
まるで狂っているかのように 66
メッセージの転送 68
第5章 天国を見つける 72
全ての魂は同じ場所へ 74
天国と地獄（信じていればの話ですが） 77
ビンスを光へ送る 78
ビンスの訪問 88
天国と呼ぶ素敵な場所 90

第6章 想定外への期待 93
無意識の方向変換 94
恐ろしいリーディング 100
想定外のリーディング 102
私が驚く番／ビンスからのメッセージ 107

第7章 霊は奇妙な方法で語りかける 113
ビルと家族 115
グループ・セッション 119
行方不明の少女 129

第8章 交信のオン・オフ 131
招かれざるビジョン 133
あの世からのメッセージ 139

第9章 自分を責めるということ 147
人々を癒す 148
気乗りしない顧客 149
事故は起きる 156
非難ゲーム 159
祈りは通じる 161

第10章 天国で働く 163
天国の設定 164
ジミーと天使たち 166
同じ羽毛の魂（同類の集まり） 167
友人のマヒュー 168
マヒューのあの世での仕事 174
手放す 177
第11章 あなたの中の霊能力 179
呼吸の準備 181
視覚化 185
瞑想 186
アルファ瞑想 190
アルファ瞑想のプロセス 193
もっと深く行く 196

第1章　すべての始まり

ビジョン

それが起き始めたのは、確か私が4歳の時だったと思います。真夜中に、見知らぬ女性が私のベッドの脇に立っているのが見えたのです。彼女はいわゆる天使なのかと思いましたが、羽根はありませんでした。彼女は、私が悲しんだり、動揺したりしている夜にだけ現れました。白い衣をまとった彼女は、明るく愛に満ちた光に包まれていました。彼女が部屋に現れた時、私はすぐに暖かさと安らぎを感じました。彼女はベッドの中の私を見下ろし、「怖がらなくていいのよ、ジョーイ。私が一緒にいるわ。眠りなさい」と言いました。私は安心して眠りについたものでした。

今振り返ってみると、白衣の女性が現れる時は夢を見ていると思っていました。でも、ある日彼女がキッチン・テーブルに座る母と一緒にいるのを見た時、それが夢ではなかった事が分かりました。私が彼女に「こんにちは」と言うと、母が「誰と話しているの？」と聞くのです。母とは何度かこのようなやりとりをしましたが、特に女性の存在に意識を向けるでもなく、彼女は再び家事を始めました。7歳か8歳くらいになるまで、私はたびたびこの幽霊を見続けました。ある時から、白衣の女性は現れなくなりました。しかし、後になって彼女が一体誰だったのかはっきり分かったのです。

ある日、母がたまたま何枚かの写真を見ていた時、私は一枚の写真を指差して「夜中に僕を守ってくれたのはこの人だよ」と言いました。しかし母は私の言葉に困惑する事なく、ただ「それはあなたのおばあさんよ、つまり私のお母さん。彼女は今天国にいるわ」と答えました。

何年かの間に私が見たのはこの女性だけではありません。他の何人かには、暖かさや安らぎではなく、少し怖さを感じました。

飛行体験

私は、自分の家とその周辺を飛ぶ夢を見る事がありました。ある晩までは、私はそうした夢についてあまり深くは考えていませんでした。その夢を見ている時、私の全身はベッドからふわりと浮き上がり、ベッドの中で眠っている自分を見下ろす事もありました。そんな時は少し頭が混乱しましたが、空を飛べるのが気に入っていましたので、こうした空の旅をずっと続けていたのです。

なんて面白いんだ！と家の周辺を飛んでいた時、いつもと少し違う事に気付きました。その日の早朝、私は父がごみ容器を外の道に出すのを手伝っていました。飛行中にそのごみ容器が見えたのですが、その隣にごみ入りの箱を乗せた椅子もあったのです。私はその椅子を記憶の片隅に残して飛行を楽しみ続けました。

次の日の朝、学校に出かける前の事でした。食事と身支度を済ませ、母にいってきますのキスをしました。通りに向かって歩き出した時、ごみ容器に気が付きました。そして私たちが出したごみ容器の横にはなんと、前の晩の飛行中に見たのと全く同じ椅子とごみ入りの箱があったのです！

つまりそれは、私が幽体離脱として知られる特殊な体験をしていたのだという事を理解したのは、後になってからでした。幽体離脱とは、魂が体の外に飛び出して活動する能力です。そしてこれらのすべては、私が後に歩む事になるスピリチュアル・ジャーニーと、霊の世界を知る準備のほんの一端だったのです。

予感

私のすべての体験が霊的だったわけではありませんが、私はたくさんの超心理的な体験や予知もしてきました。１９７７年7月の私が6歳だった時の出来事は、特に記憶に残っています。私の両親が兄、姉と私をニュージャージー州のワイルドウッドにいる叔母の所に連れて行ってくれた事がありました。彼女は海岸沿いの遊歩道近くに小さなホテルを所有していました。今でも、楽しかったワイルドウッドでの1週間と、特にウオーター・スライド（滑り台）を思い出します。

休暇の最終日、兄と私は1日中ウオーター・スライドのスリルを楽しんでいました。これはまさに、自分の得意とする遊びでした。たくさんスライドした後で、最後にもう一度滑り降りるために階段を登っていたのですが、階段の半分ほど来たところで、私は凍りついたように登るのを止めてしまいました。なぜなら、ウオーター・スライドに対して突然不気味な感覚に襲われたからです。

兄は、急いでウオーター・スライドに戻るよう私に腕をからめてきました。

「どうしたんだよ?急げ、行くぞ!」

私はうろたえて、「だめだよ!これは倒れてしまうかもしれないよ!」と大声で言いました。

兄は最上段に登るよう説得を続けましたが、私はウオーター・スライドが危険だ、倒れてしまうと言い続けていました。それでもしだいに私は態度を和らげてウオーター・スライドを滑り降りましたが、その日はそれが最後でした。

翌日の早朝、楽しかった夏の日々を後にして、私と家族は身支度をして家路につきました。同じ日の夜、地元のテレビ局が大きな事件を報じていました。驚いた事に、ニュージャージー州ワイルドウッドのウオーター・スライドが倒壊し、数人が30メートル下の海岸に落下したというのです。幸運にも死者はいませんでしたが、数人が怪我をして何人かは重症でした。それはまさに、兄と私が前日遊んでいたあのウオーター・スライドだったのです。つまり、何かが起こると私が感じていたウオーター・スライドでした。

地震、嵐や悲劇的出来事のビジョンを、子供時代を通して私は何度も見たものです。しかしながら、そのいくつかは自分の恐怖から生じたビジョンや気のせいだと思い、あまり気にかけませんでした。

霊能力への自覚

私がたびたび受ける質問の中で、答えるのがとても難しいものがあります。

「霊能者だといつ分かりましたか?」あるいは、

「霊能力者になってどのくらいですか?」といった質問です。

私はこれまでずっと霊能者であり、生まれ持った才能だと信じています。ただ、それを確認するまで20年以上かかりました。子供時代の霊的体験も、私にとってはごく普通でした。ですから10歳か11歳になって、祖母から霊的な能力のある人の話を聞くまでは、霊能者が何かさえ知りませんでした。

幼い子供として、ある種の感情や予知を無視する傾向が強かったとはいえ、超常現象、霊能力や霊との交信等についてはとても魅力を感じていました。

13歳の頃、叔母の心霊パーティで霊能者に会った時、さらに好奇心をそそられました。その霊能者は私を見て、私には生まれ持った才能があり、しだいに有名な霊能者になると言いました。私は彼女を信じませんでしたが、その言葉を頭の片隅に置いておく事にしました。実はその頃、私は一般的なタロット・カードを使い始めていました。タロットに関しては、自分自身のために数冊の本を読んでいました。

最初、タロットは全く役に立ちませんでしたし、カードがあまりにも多いのでとても難しく感じました。私は友人や家族にカードをカットしてもらった後、何枚かのカードをテーブルに並べて、タロットの本を読みながらその意味を伝えました。新しいタロット・カードを買って本なしで占えるようになるまでに、その本を2、3年は使用していました。でもその本は、伝えたい内容をかえって複雑にしているように思えました。カードを並べるたびに本を見るのではなく、そのままカードを理解する方がずっと簡単なように感じたのです。

ある日、私は考えている以上に読みが正確な事が分かりました。私がカードから読む内容はどの本にもありませんでした。すべては自然に私の心に現れてきました。

そんなわけで、15歳から19歳くらいまでは、友人や家族のためだけにリーディングをしていました。私があまりにも若かったので、最初、仲間たちは私のリーディングをまともに取り合うつもりはありませんでした。でもその状況はすぐに変わり、彼らは私にリーディングを頻繁に頼んでくるようになりました。一番仲の良かったビルのお母さんでさえ、タロット・カードを持ってくるよう切望したものでした。若い頃は、それを信じる人たちに対して少し懐疑的でした。でも彼らは、カードから読み取った内容は本当に正確だと言い張りました。その時は、私にタロット・カードを読む才能があるのだと理解していました。私はカードを読むのを霊能力とは思っていませんでしたし、まして自分が霊能者だとは考えてもいませんでした。

ビルのお母さんに、「ご主人は屋根や梯子から離れていた方がいいですよ」と話したのは、私が16歳ぐらいの時でした。私は彼が落下して怪我をするのを予見していたのです。それで彼女は夫に注意したのですが、彼はその助言を信用する事なく結局屋根に上がってしまいました。すると不幸にも、彼は屋根から落ちて重症を負ってしまいました。

それでもまだ、私は自分の霊能力についてたいへん懐疑的なままでした。いくつかの理由で、未来の予知や死者との交信についてはは把握できないでいました。ただ、このテーマに私はとても魅力を感じていました。そこで10代の頃、少しだけ霊能力探査の冒険をしてみました。やがて、それによって懐疑心を捨てられたのです。霊能力は存在し、死者と交信できる人々がいるのを理解できました。確かに霊能力は私が受け取った才能なのですが、その後ですら、20代半ばまで自分自身の才能だとは理解できませんでした。

19歳になるまでに、非物質的な事柄への関心はさらに大きくなり、姉のタミーと私は小さなニューエイジの店を開店するまでになりました。私たちは、お香、本、水晶、タロット・カードや他のミステリアスな商品を販売していました。私たちは、店の奥の小さな部屋でタロット・リーディングをしてくれる霊能者を探す事にしました。採用した女性の名前はディアドラで、驚くべき霊能者でした。

最初に会った時彼女は、「あなたも私と同じ仕事をやるべきよ。きっとある日、そうなるわよ」と言いました。それは以前にも聞いた覚えがありました。

ある日ディアドラは、彼女のためにタロット・カードを読むよう頼んできました。ディアアドラは私のリーディングにとても感動して、その仕事をフルタイムでやるべきだと繰り返しました。

ある日ディアドラは電話をかけてきて、私たちの店にはもう働きに行かないと決めたと告げました。私たちは留まるよう説得を試みました。その大きな理由は、その日や先の日程までずっと予約が入っていたからです。ディアドラは、予約のリーディングを私が引き継ぐべきだと言いました。私はどうしたらいいか分からなくなり、完全に自分を見失っていました。私は「それは無理だよ」と自分に言い続けました。

でもその時、最初の顧客が入って来たのです。その婦人にとっては、私がリーディングをするのに問題はありませんでした。その主な理由は、彼女からはあまり料金を取らないようにしたからです。彼女がとても満足する中リーディングが終わり、数回私を褒め称えました。

その週末にリーディングに店を訪れたすべての人たちは、ディアドラにしてもらうつもりだったため、始めはがっかりしていました。でも私のタロット・リーディングの後では、皆心地良くなり、満足していたのです。それが、友人や家族以外の人々のリーディングを始めた時でした。

しばらくすると評判は広がり、私は店の奥でのタロット・リーディングで非常に忙しくなりました。

その後でさえ、私は基本的には自分を霊能者ではなく、単なるタロット・カード・リーダーとみなしていました。私が間違いなく霊能者であり、何か非凡なものを持っていると悟り始めるまでに、約6年間のカード・リーディングの期間がありました。顧客からの評価は素晴らしいものでした。私は顧客に、どんなタロット・カードの本にも書かれていない事を話していました。

私は瞑想も始め、自分の前にカードがなくても情報や霊的なエネルギーを得ているのに気が付きました。自分の能力や瞑想と共に仕事をすればするほど、私の直観は冴えていきました。

最終的に「そうだ、自分は霊能者なんだ」と悟った時は25歳になっていました。自分が体験する事は想像を超えていました。私はカードを道具として使用し、情報はカードから来ると考えていました。ところが、カードを脇に置いたまま仕事をしてみた時、タロット等の道具は必要ないのを発見したのです。

さらに、この人生での最大の才能を発見するのに数年を費やしました。それは、亡くなってあの世にいる人々と交信する能力です。この本を通して、私がどのようにその才能を発見したのかが分かると思います。

霊能者でいるのには長所と短所があります。私は人々が「それを知っていたはずでしょ?」とか「それが起きるのが分からなかったの?」とか言うのをずっと聞いてきています。しかしそんなに都合よくは事は運びません。私の見るところ、優れた霊能者は他の人々を助けるために存在してはいますが、それは、自分自身を助けたり、宝くじの当選券や勝ち馬券を選んだりするために使うべき才能ではないのです。

でも、霊能者でいる事にも利点はあります。様々な事柄が常に思考やビジョンの中に現れます。これらは私の日常生活の助けになっていて、またリーディングに来る人々の助けにもなっているのです。

今でも、自分自身が一般的に言われているような幽霊と話ができる霊能者だと信じるのはとても難しく思えます。というのは、実際に私は彼らを幽霊と呼びませんし、彼らも幽霊と呼ばれたくないのです。私の仕事は、あの世にいる霊との交信です。あの世という意味は天国、霊界やあなたがそうイメージしている場所の事です。時には、受け取る情報を人々のために訳して説明をするのがとても難しい事がありますが、それは時によってその情報が私にはとても奇妙に聞こえるからです。でも、そのメッセージを受け取る人々にとっては理解できるのです。

私は、自分がどのように情報を得ているのか正確には分かりません。単にリーディングを実行するだけで、その最中に自己、魂やスピリット・ガイド（守護霊）の話を聞いているのです。

私たちは皆霊能者

聞いた事があるかもしれませんが、私たちは皆生まれながらの霊能者で、精神的に地球や周りのすべてと調和しています。でも残念ながら、私たちはこの自然の能力を悟る教えを受けていません。その代わりに、大きな空想をする単なる子供と捉えて、それを無視するように教えられました。両親たちは子供の頃持っていたその能力を忘れてしまい、もはやそれを悟ろうとさえしません。

私が自分自身や他の人たちから学んでいるのは、私たちの何人かは明らかに「才能」と共に生まれて来ているという事です。こういった才能には様々な違いがあります。

例えば、一部の人々は他の人たちよりもより多くの霊能力を持って生まれています。だから、この才能を遮断したり無視したりするのにも時間がかかります。この能力は長く持続するので、そのような人たちは徐々にその才能に気が付くのに十分な幸運を持ちあわせています。

でも、一般的な霊能力を持って生まれた人々の多くが、それを信じて頻繁に使用するチャンスに巡りあう前に、完全に遮断してしまうのです。もし、誰かがあなたに新車を贈ってくれたなら、それを使いますよね？才能のある芸術家たちは、才能というそのギフトを使う必要があります。私は、あなたの才能はあなたの運命だと信じます。私はそれを、とても苦労して知りました。私の霊的な才能がこの人生で使用するべきものだと理解するまでは、私の人生はとても優柔不断で混乱していました。

しかし、この道こそが私の生きる道だと確信してから、人生はとても良い方向に変化していきました。

あなたは、自分や子供たちに霊能力があるかどうか知りたいかもしれません。私の望みはこの本があなたを啓発する事です。そうすれば、あなたや子供たちに霊能力があるかどうかが判断できます。

この本の中で、霊媒師としての私の体験や亡くなった人々との交信を共有していきたいと思います。これらの話から、亡くなった家族が今でも元気であなたの傍にいるという事を理解していただきたいのです。

私たちは皆、亡き家族との特別な繋がりを確認するべきです。それが単なる想像ではないと知り、自信を持つべきです。その多くは私たちが注意を向けていない時にやって来ます。例えば、あなたが家で雑用をしている時に、薔薇の香りのする優しい風が通り過ぎます。もしかしたら、それはとても懐かしいおばあさんの好みの香りかもしれません。それはおばあさんが元気で、今でも毎日あなたの傍にいるのを知らせるメッセージかもしれません。

私の体験の多くは強烈なものでしたが、同じ事をあなた自身が体験する必要はありません。ただ個々の体験は特別だと理解してください。

愛する人が死んだためにあなたが体験しているどんな苦しい感情も捨て去ってください。彼らはあなたを見守っていて、前向きに人生を楽しんで欲しいと願っています。本書で共有する私の体験が、あなたの亡くなった家族は今でも共にいると理解する助けになる事を願っています。

第2章　母との別れ

１９９９年10月8日金曜日の午後、電話が鳴りました。母から電話がかかってくるのはいつもの事でしたが、その時の会話はとても異常な雰囲気になりました。母は平日の午後のメロドラマを見るのが大好きで、それを邪魔されるのは大嫌いでした。だから、その会話はすぐに終わるだろうと思いました。ところが、それは彼女と私が交わした最も長い会話になったのです。

母は私の週末の予定を聞き、母の家に会いに行く時間があるかどうか聞きました。私は１時間程離れた場所に住んでいましたが、その週末はバーテンダーとして遅い時間帯に働かなくてはならず、母に会う機会はほとんどなさそうでした。それから母は、急に興奮して禁煙を今日こそ決心したと言いました。

「今週ずっと呼吸に問題があって、少し怖くなっているの。孫の卒業はどうしても見ると決心しているのよ。煙草を吸うのが嫌になったわ」

母は軽い肺気腫を患っていたようで、それは煙草をやめる良い理由でもあったのですが、実は私たちはその事を後になるまで知りませんでした。

母と私は1時間以上も話し続けていましたから、テレビのメロドラマも見られなくなるような時間になっていました。会話はとても速く、奇妙な方向へ変化していきました。

「ジョーイ、ちょっと聞いて欲しいんだけど、私が死んだら火葬にして灰をニューヨーク北部に撒いてもらいたいの」

「えっ、母さん、何言ってるんだよ？」

彼女は話し続けました。

「死んで横になっているのを誰にも見られたくないから葬式もいらないわ。私の上で泣いて欲しくないし、それにその方がずっと安いのよ」

それから彼女は、自分の持ち物をどのように二人の孫と皆に分けて欲しいかの話を続けました。

「服は私の好意で寄付してね。着られる人たちは必ずいるわよ」

私はその会話に驚いていました。

「母さん、どうしてそんな話を僕にするんだよ。母さんはどこにも行ったりしないよ」

私がそう言うと、母は説明を続けました。

「私の三人の子供のうち、あなたが一番きちんと私の意志を実行してくれるのがよく分かっているの」

「分かったよ、母さん。問題ない。愛してるよ」

それから私たちは、人生や愛や、その他多くの事について話し合いました。彼女はとても私を誇りに思っていて、私がある日大成功するのを知っていると言いました。それはとても長く強烈な会話でした。

しばらくすると、母は私がこの週末中働かなくてはならない事が大きな悩みだと本心を打ち明けてくれました。

でも残念ながら、私には選択の余地がありませんでした。コロンブス記念日の週末なので、バーはかなりの混雑が予想されていました。日曜は二つのシフトで働かなくてはならず、おまけに月曜もひとつ、シフトを請け負っていました。

でも母は本当はそんな言い訳は聞きたくないと思っており、私にとても苛立っていたのです。怒ったり自分のやり方が通らなかったりした時の彼女の苛立ちぶりはよく知られていましたが、その事は考えないようにして、私は仕事の準備を始めました。

長い時間働いていたために、週末はあっという間に過ぎ去りました。バーテンダーとして持ち始めていた新しい希望は、バーが観光客や地元の客であふれんばかりになる事でした。天気は素晴らしく、木々は色を変え始めていました。

月曜の朝、起床してから二つのシフトの準備を始めました。外のバーは午前11時に始めなくてはなりません。再び忙しい日になるのは間違いないと思われ、また、忙しくなるのは、私の職場の向かいでメタフィジカルな店を開いている姉も同様でした。

悲しい知らせ

私はその美しい秋の日を快く感じていました。バーには心地良い音楽が流れ、私は最初の客の対応をしていました。ほぼ1時間後、姉の店で働く友人が通りを渡ってやって来ました。彼は重苦しい感じで、バー越しに私の前に立ち静かに言いました。

「お母さんが亡くなったよ」

「何だって！！？」

「お母さんが亡くなったよ」

彼の言葉が頭の中でリフレインしました。

私は完全に自分を見失いました。上司の所へ行き「行かなきゃ。ここを出なければ」と言いました。私は泣き始めていました。

「なんてことだ、どうしたんだ、お前大丈夫か？」彼は強いイタリア訛りで聞きただしました。

「母さんが死んだんだよ！」

それから私は急いで通りを渡って姉の店へ駆け込みましたが、彼女は信じられないといった様子で座って泣いていました。姉は父から電話をもらい、母の死を知ったのです。

私は母にとても近い存在だったのですが、姉は母と様々な問題を抱えていました。私たちはそれぞれに深い感情的な嘆きを抱いていました。

私の悲しみのすべては、週末に母に会いに行けなくて母をがっかりさせてしまった事でした。私は母との最後の会話で共有した前向きな面を真摯に捉えられなくなっていました。その代わりに、母の死に立ち会えなかった事が私を感情的に痛めつけていました。母は私が会いに来る時間がないのに驚きつつこの世を去ったのです。これが、私をかなり苦しめていました。

再び私は、あの最後の会話が実際に私たちの中で最高だったのをすっかり忘れていました。それを思うと、長い年月が過ぎた今でさえ涙があふれてきます。

その日、母に起きた出来事はこうでした。母は呼吸が苦しくなり、土曜日に911番（米国の緊急電話番号）に電話しました。救急車が来て救急隊員たちが処置をした後、彼らは母に病院に行くよう勧めました。彼女は酸素吸入の後でいくぶん気分が良くなっていたに違いありません。おそらくそれで病院に行くのを断ったのです。

翌日、母は父に電話して何か食べる物を持って来て欲しいと頼みました。両親が離婚してから15年経っていましたが、仲の良い友人でいました。父は母を買い物に連れて行ったり、時々外食もしていました。それで父は、母の好みのベーコン・チーズバーガーとフライド・ポテトを買いに地元のファーストフード・レストランに行き、それから母のアパートメントへ向かいました。

でも父が着いた時には、アパートメントには誰もいませんでした。近所の人が来て、母は呼吸が苦しくなり911番に電話をしていたと父に話してくれました。

実はその時、彼女は救急隊員の助言を受け入れて病院へ行っていたのです。その時、彼女は父にメモを残していましたが、それはだいぶ後になってから私が椅子の傍で見つけました。そのメモはいつもの美しい手書き文字ではなく、殴り書きしたようでした。彼女は「救急車呼んだ、病院へ行く」と走り書きしていました。それで父は急いで病院へと向かいましたが、到着すると同時に母が亡くなったのを知らされたのです。

母は肺の塞栓症で亡くなりました。足にあった血塊が徐々に肺に移動して呼吸を止めてしまったのです。以前から母は神経障害に悩んでいましたが、それが両足や歩行に影響を与えていました。だから彼女は58歳という若さなのにあまり歩き回っていませんでした。病院に運ばれた時、すぐに鎮痛薬の注射をしました。その後で、誰も傍にいないまま彼女は亡くなったのです。母はいつも一人では死にたくないと言っていました。

私はどうしてこの事が分からなかったのだろうか、どうして母に会いに行けなかったのだろうかと自問しました。私が霊能者ならば、こういった事は分かるはずでした。金曜日のとても長い会話が、何かを私に教えてくれるべきでした。

私は自問し続けました。なぜ？どうして？どうして分からなかったの？なぜ彼女の傍にいなかったの？と。

そして大きな疑問は、「本当はこの出来事を止められたのではないだろうか？」というものでした。この疑問は私を悩ませました。母は私たちとあまり長くいられないのを知っていたのでしょうか？金曜日に彼女が私に話した内容からすると、明らかに彼女は知っていました。

母の死を聞いてからしばらく経って、姉や二、三人の友人と一緒に私は家に戻って悲しみ続けていました。とてもたくさんの人が私の家にいましたが、そこには静けさが漂っていたのです！徐々に、私たちは母についての話をし始めました。私たちは笑ったり泣いたりしましたが、その部屋に母がいるのが誰にでも感じられました。母が自分がそこにいるのをはっきりさせたのです。誰かが母の名前を言う時はいつも、ダイニング・ルームのテーブル上のランプが点滅するのです。ランプがついている時は消え、消えている時は点灯しました。この現象は私たち皆が一緒に家にいた2、3時間に何度も起きました。母がそこにいるのを私たちに知らせようとしているのは間違いありませんでした。

母が亡くなった後、毎日、毎週、毎月、ランプは勝手に点灯や消灯を続けていました。私は点滅の原因がランプのスイッチにあるのかどうかを調べるために、それを交換までしました。

その後のある朝、私は母を思いながら目覚めました。下の階に降りて行くと、ダイニング・ルームの電灯が点灯していました。たぶん前の晩、私が寝る前に消し忘れたのかもしれません。すると瞬間、電灯は勝手に消えたのです。これが母からのサインだと私は確信していましたが、何の証拠もありませんでした。点滅は、それを最後に止まりました。

突然の呼びかけ

母が亡くなる2、3ヶ月前、私は有名な霊媒師のショーのチケットを受け取りました。私の友人がその霊媒師について色々と教えてくれて、彼が亡くなった人々の霊と話ができると説明してくれました。

私はそれにとても魅力を感じたので、一緒にそのショーに参加したいかどうか彼女に聞かれた時に断れませんでした。ショーは11月初旬に予定されていました。母に霊媒師を見に行くと話したのを覚えていますが、彼女もその内容に興味を示しました。姉も興味があり、私たちと一緒に行きたかったのですが、その日は仕事を抜け出せそうもありませんでした。

時間が経過し、私はショーに行く日時をすっかり忘れていました。母が亡くなってから、私は自分の周りの多くの事を忘れてしまっていました。でも、友人がショーの事を知らせてくれて、霊媒師を見に行くまでもうあまり日にちがないと分かりました。

私は興奮気味で、あの世から母の愛のメッセージを受け取るのを心待ちにしていました。最終的にその友人が行けなくなり、代わりに私の姉が行けるようになったので、私はさらに興奮していました。そうなるべき運命のサインだというわけです。私は母がメッセージを持って現れる確信がありました。そして姉もその場所にいて、すべては完璧に事が進むというわけです。私の心の中では、母は絶対に現れるはずでした。

私たちは人々で混雑するホテルの広い会場の中へ入って行きました。私たちは幸運にも、前から7列目に席を取る事ができました。そこは通路側で、霊媒師が私たちの所へ来るには完璧な場所でした。霊媒師が登場して、自己紹介をして亡くなった人々と交信する彼の仕事について語り始めました。私はその時ずっと母を思い、彼女が確実に私たちの所へ現れるように心の中で小さな祈りを唱えていました。メッセージが突然やって来ました。それは心の中で、大きくはっきりと聞こえました。

「ジョーイ」私の母だけが私をジョーイと呼んでいました。「ジョーイ！！！あなたは私がここにいるのを他の誰よりも知っているでしょ。ここにはあなたより亡くなった家族からのメッセージが必要な人たちがたくさんいるのよ。黙って聞いてね。私があなたを愛していて傍にいるの分かってね」

このメッセージは、ベルのように明瞭でした。ただそれは、心の中での話で霊媒師から来たものではありませんでした。でも私は、それが母から直接来たメッセージだと何の疑いも持っていませんでした。

それをさらに裏付ける事として、霊媒師と直接話してメッセージを受け取ったそれぞれの参加者たちが、私以上にそれを望んでいたのも明らかでした。ある婦人は息子を殺されました。ある男性の妻は妊娠中に階段から落ちて亡くなりました。このショーのすべてのリーディングは、それを本当に必要としている人々へと向かっているようでした。母からのメッセージが本当に真実である事がはっきりしました。

ショーの後で、私は自分に「彼の仕事を私もやりたい。亡くなった家族からの証拠が必要な人々にそれを届けてあげたい」と呟きました。

私は自分の深いところで、それこそが私がいるべき道だと知っていました。霊媒師が立ち上がって彼の成長と才能の目覚めについて話した時、まるで自分の体験のように聞こえました。彼が話した内容のすべてが私の人生と密接に関連していました。この時が、常に持っていたのに全く活かしていなかった自分の才能について、私が理解し始めた瞬間でした。

第3章　母が私に教えてくれたこと

母が亡くなってから1年以上が経過しました。人生のこの時点では、残念ながら私はあまりリーディングをしていませんでした。人生のいくつかの変化の後で、私の関心は他に移り、リーディングは私の歩むべき運命の道ではないのではないかと考え始めていました。でもしばらくすると、そのように考えるのは大きな間違いだと気が付きました。その時は一瞬行くべきでない道だと思えたのかもしれませんが、ある時これこそが私の運命だという事に気が付いたのです。たぶん迷っていた時期は、まずは自分の人生を立て直す必要があったのかもしれません。

私はウエイター兼バーテンダーとしてレストランで働いていて、それを数年間続けていました。仲の良い女性の友人が、しまいには私が根負けするまで、タロット・カードでリーディングして欲しいとしつこく頼んできました。するとタロット・カードから、驚くほど正確な情報がたくさん出現しました。物事はかってない程うまく行き始めたのです。私は自分が「もう一度やり直す」のを恐れていると信じていたのでこれには驚きました。

長い間私は、再び霊的な仕事をする能力がないのではないかと心配していました。私にとってその出来事は、自分への信頼を学び、目標達成の自信を得るための初めの一歩でした。なぜ、一度うまくできた事をもうできないと考えるのでしょうか？私はその理由をもっと早く知るべきでした。

霊媒能力の回生

あっという間に、私はより多くのリーディング依頼を受け始めていました。昔の顧客が突然姿を見せたりもしました。

その後のある日、待ち望んでいた出来事がやっと起きたのです。バーバラという名前の女性のリーディングをしている最中に、とても美しく着飾った婦人が彼女の後方に立っているのを見たのです。彼女の唇は動いていませんでしたが、ある事柄を話し始めました。私はバーバラにその婦人についての詳細を完全に説明しましたが、その情報はただ私を通して流れ出したものでした。私が見ていたのは、末期的な癌で亡くなったバーバラの母親でした。家族たちの誕生日、記念日、命日やその他多くの情報が出てきました。

バーバラが涙を流したので、私は何か悪い事をしてしまったかのように感じました。でも彼女が私に心から感謝した時、彼女を助けたのだと分かりました。私は亡くなった彼女の家族の情報を確認できたのです。これで彼女も、亡くなった家族はまだ傍にいて毎日見守ってくれているのを理解しました。

私が提供するどの霊的リーディングも、結局はあの世からのメッセージ以上のものではないのが分かりました。私は何年も行ってきたように、顧客にタロット・カードを切ってもらっていました。でもそれからはちょっと変化し、カードを使用するのは時間の無駄のように感じました。実際カードはもう必要がなかったのです。私の霊能力がそれを受け継いだようでした。

初めのうちは、私が見たり聞いたりする事柄をうまく説明できないために、カードなしでリーディングをするのがとても困難でした。

「この人たちは私が狂っていると思い始めるのではないかな」と考えたりしましたが、見た事をただ話すとすべてはうまく収まりました。顧客に話している内容を私が理解できなかったとしても、その必要はないのです。だいたいそうなのですが、彼らが頷ける限りそれでよいのです。

人々はリーディングのため、次から次へと私の所へやって来ました。私はこういった一連の体験から多くを学んでいました。受け取ったメッセージを翻訳し理解して、彼らにさらに明確に説明するのが楽になりました。それは人生の中でもとても心がわくわくする時期でした。私はこの仕事ができて、その過程でとてもたくさんの人を助けられるという現実がとても気に入っていました。

私はこの仕事にこそ集中するべきで、それが進み続ける道だと確信しました。これが目標だと悟ると、働いていた地元のレストランで急に様々な事が緊迫して起きてきました。ある日、上司が私に一言二言何か嫌味な事を言いました。私は背を向けてレストランのドアから出て行き、二度と戻りませんでした。ただ出て行ってしまうのは自分にとっては普通の行為ではありませんでした。私には払わなければならない請求書や責任、それに生きて行く人生がありました。けれどもどういうわけか、ドアから出て行く時はそういった事柄を考える事すらしませんでした。

2、3日後、私は家で椅子に座って仕事の募集広告を見ていました。そして短い祈りの言葉を大声で言いました。

「霊よ、霊媒師の仕事は私の生き方だと感じます。もしそれが私の運命で私の生き方なら準備はできています。どうか、なるようにしてください」

読者の皆さん、どうか聞いてください。その通りになったのです！私のリーディングに興味がある人たちからの電話が鳴り始めました。その日からずっと、私はレストランの仕事にけっして戻らずに霊媒師としての探究を続けてきました。

リーディングはさらに力強くなり、メッセージは驚くべきものでした。

「神様、これって本当に起きた出来事なの？」と時々リーディングを終えた後独り言を呟きました。やって来る霊たちの中には殺人や自殺の犠牲者も多く、彼らは何が起きて誰に責任があるのか完全な説明ができました。自殺したと思われていたのに、実は殺された人々からの情報も伝わって来ました。

人々はたびたび私が自分の亡くなった家族と交信できるかどうか聞いてきます。退屈な日に、ただ彼らとおしゃべりしたくて電話をかけるようにはいきません。私が呼び出すわけではなく、彼らが訪問してくるのです。ある顧客がリーディングに来る時、努力はしますが、その人が話したいと思う人と必ずしも交信できるわけではありません。どの顧客にも、「誰が現れてどんなメッセージを持って来るか分かりませんよ」と事前によく説明します。現れる人が、あなたの家の二、三軒先の家の亡くなった息子さんである可能性すらあるのです。

時々、彼らはあなたがメッセージを他の誰かに伝えてくれると期待して現れます。たびたび、彼らは自分が順調でいるのをあなたに知らせるために現れます。先ほどの質問に答えるとすれば「はい、私は亡くなった私自身の家族からメッセージを受け取っています」となりますが、「いいえ、私が必要な時には話せません」も答えになります。思い通りになるわけではありません。

何度も話していますが、亡くなった私たちの家族は突然現れて「こんにちは。私は大丈夫で、天国はいいとこだよ」と言ったりはできません。それが可能だったら、私たちは皆亡くなった家族に頻繁に会ってしまい、頭がおかしくなってしまいます。それでも彼らは私たちの傍にいて、たびたびメッセージを送っています。でも私たちはそれを無視したり、偶然の出来事という事にしたりして素通りしているかもしれません。ラジオに流れる歌、点灯と点滅を繰り返すランプ、電話、テレビ、その他たくさんの物事が、彼らが私たちの傍にいる小さなサインなのです。それを一生懸命捜そうとしなければ、サインは徐々にあなたの前に予期せず現れます。もしあなたが、小さく単純なサインを頼めばすぐに手に入るかもしれません。

ふたたび母に会う

個人的に私が母からの大きなサインを期待していた時、同じような考え方を人に押し付けていた私はなんて偽善者だったのだろうかと思います。姉と霊能者を見に行った時、母がメッセージを持って私の傍に現れたという事実はさておき、実際に私は母からもっと多くを期待していました。私の仕事や、他の人たちを助けてきた事実から、私は母に会うのに相応しいと感じていました。私は彼女が突然現れて「こんにちは」と言ったり、夢に出てきたり、何か大きくて意味のある出来事を求めていました。しかしこのような点にこだわればこだわるほど、さらに長い間、すでに私のために存在していたサインを見逃していたのです。でもついにその日がやって来て、私は母から最も大きなサインを受けたのです。期待もしなかったようなサインでした。

母からのサイン

それは美しい秋の午後で、母が好んでいた季節でした。木々は贅沢なオレンジ色、黄色や赤に染まっていました。私にとっては忙しい日で、用事を済ませたり日々の雑用のプレッシャーを感じたりしていました。コインランドリーで3時間かけて服を洗った後、私は家に向かっていました。車を運転している時、母が傍にいるという圧倒的な感情がその場を支配していました。その感覚は私の隣に母が座っていると断言できるようなものでした。私は、彼女の霊が実際に私と共にいるのかどうか、あるいは私の心がトリックにかかっているのかどうか、本当に知りたいと願っていました。その時、母が亡くなったのはこの時期だったと考えていました。とても奇妙な事に、私はその日が何日か思い出せなくて、確かめるために携帯電話に手を伸ばしました。月日ははっきりと読み取れ、それは２００１年10月10日でした。

なんと！それはまさに母が亡くなって2年目の命日でした。その瞬間、私は車内のその場所で長く熱のこもった対話をする決心をしました。

「母さん、もしたった今、本当にこの車の中で僕と一緒に座っているのだったら、僕にサインを送ってくれないか」

私はさらに話し続けました。

「一生懸命見ようとして、すぐ近くのサインを見逃していたけどやっと分かったよ。僕の頭がおかしくなくて、母さんが本当にここにいるのなら、一緒にいるのが分かる小さなサインをくれないかい。ラジオのスイッチを入れて放送を探して、たまたまエルビスの曲に合ったら、それは間違いなく母さんだと分かると思うよ。道沿いにポインセチアを見たとしたら、絶対にそれは母さんだと分かるよ。まあポインセチアには少し早い時期だとは思うけどさ。車で家に向かっている時、看板に母さんの誕生日を見つけたとしたら、母さんが今一緒にいるのが分かるよ」

家に戻った時には、私は午後の出来事のすべてを完全に忘れていました。私は、パソコンでメールをチェックする前に、夕食を料理し少しテレビを見て夜を過ごしていました。その後で、パソコンをオンにしてインターネットに繋ぎ、約20通のメールを受信しました。私が受信フォルダを開くと、リストの一番上に太文字のタイトルがありました。それは、エルビス・プレスリーのニュース・レターで、私はほとんど椅子から転げ落ちそうになりました。

母が亡くなって2年目の命日に一緒に車に乗っていたかどうか聞く必要は、もうありませんでした。このような小さく単純なサインは、母が時々私と一緒にいる事を確認するのに強烈な効果がありました。願ってはいても、母は常に一緒にはいられないのは分かっています。私には兄、姉、甥、姪や父がいて、母は彼らも私同様に見ていたいのです。私は亡くなった家族の特定の人が常に私たちの近くにいるとは思っていません。これらの魂は他にも活動があると理解する事は、美しい学びの体験からなのです。

車内で私の傍に母の存在を感じた時に、近くにいると知らせる小さなサインを彼女に頼みました。それは母と関連があって、電子メールのように風変りな方法で私に示す何か小さな事でした。正直言って、こんなサインを誰が思いつくでしょうか。私にとってそのサインはとても強く、母は絶対に真意を伝えようとしていました。

あなたが車の運転のように何かに集中していて、亡くなった人を突然思い出したり感じたりする時はいつも、あたかもその人がその瞬間にそこにいるかのように話しかけてください。私は亡くなった人を思う時はいつも、その人が本当にその瞬間私といると理解しています。ちょっとした単純なサインを求め、気を張り詰めずにいれば、ひとつは現れて来るのを私が保証します。たぶんその時あなたはそのサインを認め、多くの人がするようにはそれを無視したりしないでしょう。

私は母が車で私と一緒にいた事について長く話してきましたが、実はそれはまだ続きます。たぶんあなたはその話を何度も聞くうちに、特にその日が母の命日だったので、私が正しい日付を覚えていたと思うでしょう。

ところが私はその話を、10月10日の替わりに10月11日に起きた出来事のように人に話し続けていたのです。母は私が命日を再び間違えないよう、確認しようとしていました。彼女は独自のユーモアのセンスで、それを知らせようとしていたのです。私はそれについて彼女が笑っているのが今でも見えるようです。

私は人に、霊になった人たちはネガティブな感情を持っていないと説明するようにしています。彼らは仮にそう望んだとしても、私たちを怒れないのです。私はそれを何か、愛、平和と幸福を唱えた1969年のウッドストック音楽祭のようなものと比べるのが好きです。

そして、彼らはユーモアのセンスがあります。あなたが失くした鍵は、亡くなったお父さんが移動したと分かってもびっくりしないでください。

母からのさらなるサイン

母の3年目の命日でした。私は家からそう離れていない場所で開かれたパーティで、いくつかのリーディングをしていました。この特別なパーティに私は多くのエネルギーを費やし、少しストレスを感じていました。そのグループの女性たちはとても素敵な人たちで世間話もたくさんしました。私は彼女たちに母からのメッセージの話をして、明日が命日だと言いました。家に着いた時それが間違いだと気が付き、もちろん今ではそれを理解しています。

私は車で家に向かいましたが、命日やその晩若い女性たちに話した内容については全く考えていませんでした。私は誰か特定の人の記念日についてこだわるタイプではありません。それは彼らが望んでいる事とは言えないのです。私はあの世の多くの魂たちを知っていますが、どの人の命日も知りません。母の命日だけは知っていますが、それは思うに母が私の心に埋め込んだからです。

その晩家に着くと、私は靴を脱ぎ足を投げ出してくつろぎ始めていました。私はルームメイトにパーティとその晩の様子について話しました。私は、車で母が自分と一緒にいた事や彼女の命日について、パーティに参加していた女性たちに話したと彼に言いました。

その後、私たちはそれぞれ自分たちの雑用をこなしていました。ルームメイトが自分の書類の山を整理していた時、小さなカードがひざの上に落ちたのです。彼が「なんてことだ」というのが聞こえました。彼はびっくりした表情をしていました。彼はそのカードを私に渡して「これは絶対に君のお母さんからのサインに違いないよ」と言いました。それは、母の葬式の時のカードでした。その裏には１９９9年10月10日の日付があったのです。

驚いたなんてものではありませんでした。この出来事が起きた日は10月10日だったからです。11日ではなく10日が母の命日だという彼女からのはっきりした注意だったのです。

この出来事は、サインは頻繁に来ていて、時には私たちが見逃せないほどはっきりと目の前に現れているという事を再度認識させました。こういった種類の事は亡くなったあなたの家族からの真のサインだという事を知ってください。それは真実なので、心の奥で認識して受け入れてください。彼らは私たちと共にいて、私たちにその事実に目を向けて欲しいのです。

母はとても素敵な二つのサインを残し、その時に私が必要としていた納得と証拠を提供してくれました。

三つ目のサインは、すべての中で最も意味のあるサインだと言えます。それは私の人生で多くの劇的な変化が起きようとしていた時期でした。言い換えれば、人生の中でも混乱と重苦しさがあった時期でした。もしあの時母が生きていれば、私は母に助けと支援を頼めたと思います。

ダイアンはリーディングのために、6ヶ月に一度私に会いに来る顧客でした。何年かのうちに、彼女とは友人のようになっていました。この特別な日に、ダイアンは私的なリーディングのために私の家に来ました。彼女は私のリビング・ルームを見回し、アメリカ・インディアンの装飾品を褒めてくれました。

ダイアンは「私、インディアンの物たくさんしまってあるの。何か探してあなたにあげるわね」と言いました。

ダイアンのリーディングを始める前に、私たちはしばらく世間話をしていました。リーディングはとてもうまくいき、ダイアンが帰る前に私たちはまた世間話をしました。

それから2、3週間が経過し、どういうわけか私の人生はまさにどん底に向かおうとしていました。

ある日の午後、家に帰ると玄関前に小包が置いてありました。ダイアンからでした。その日は雑用がたくさんあり急いでいたので、小包を家の中の階段に置き、後で時間のある時に開けてみるつもりでした。たぶん、それはいくつかの素敵なアメリカ・インディアンの飾り物で、増え続けている私のコレクションに追加できるものだと思っていました。私は小包を階段の一番下の段に置いたのをある晩の遅くまですっかり忘れてしまっていました。

その日は凄く嫌な日で、個人的な多くの事でとても動揺していました。眠れそうもなかったので、自分自身に同情しながら横になってゴロゴロしていました。ある時点で、母の事や彼女がいなくてどんなに寂しく思っているかを考え始めました。私は、母とちょっと話をするのに電話ができたらどんなに素敵だろうと思い始めていました。本当に嫌な1日と落ち込んだ夜を過ごしてきて、私は空虚さを感じ、母がここに来て寂しい自分を慰めてくれればなと願っていました。

突然、ダイアンが送ってくれた小包を思い出しました。何かが小包を持って来て開けてごらんと言っていました。私はそうすればきっと元気が出て少し眠れるかもしれないと感じ始めました。それで私はベッドから這い出て階段に行き、小包を持って寝室に戻るとまたベッドに潜り込みました。しばらく何もせずにいましたが、おもむろに箱からテープを剥がし始めました。

箱をついに開けた時、私は目を疑い震えて泣き始めました。箱の中の物は、前に私が考えていたようなアメリカ・インディアンの物とは全く関連がなく、それよりもずっと良いものでした。中にはエルビス・プレスリーの本があり、グレースランド（エルビス・プレスリー・ファンの聖地）からのたくさんの写真や絵はがきが詰め込んでありました。ダイアンはグレースランドを訪問し、自分でそれらの写真を撮ったのです。母はエルビスの熱狂的なファンだったので、私はいつも母にグレースランドを見せてあげたいと思っていました。けれども、母をそこへ連れて行く機会はありませんでした。私は唖然として、ダイアンがこれらすべての素敵な物を送ってくれたのが信じられませんでした。

自分を正気に戻すまで20分ほどかかってしまいました。その後で母の霊が私を慰めに来たのだと悟りました。私が箱を開けるようにさせたのは母だと知っていました。また母が、箱が未開封でしばらくの間階段に置かれていた事にも関係しているのも分かっていました。それはあたかも、私に母の慰めと存在を示すサインが必要なのを母が知っていたかのようでした。

私はこれが、今までに受け取った最も特別な証拠のひとつだと分かりました。

私は、ダイアンとこの話を分かち合い、自分がどん底の時に贈り物がどんなに助けになったか話すため、すぐその場で彼女に電話をかけたくなりました。悪い事にまだ朝の3時だったので、ダイアンと話すのはもう少し後にする事にしました。

朝になり電話でそのニュースを伝えると、彼女は私と同じくらい驚いていました。私がどんなに感謝していて、どんなに助けてもらったかを知って欲しかったのです。

サインは誰の下にも届く

疑いもなく、天国にいる亡くなった私たちの家族は、私たちが落ち込んでいて彼らの愛のエネルギーが必要な時を知っています。あなたが必要な時は誰かの霊があなたの傍にいるのを疑うべきではありません。彼らは最も役に立つ時にそのエネルギーで私たちを慰めます。

それでも、彼らのいる場所からできる事は限られてしまいます。それは単に、私が説明してきたような意味のあるサインや証拠をあなたが受け取っていないだけで、亡くなった家族が傍にいないというわけではありません。サインや証拠を受け取れない可能性としては、一生懸命捜し過ぎているか、たぶん全く捜していないかです。

亡くなった家族が楽しんでいた物事を思い出してください。例えば、私の母はエルビスが大好きでした。彼らの香水の匂いや笑い声を思い出してください。あなたが、彼らが好きだった物を偶然見つけたり、親しみのある彼らの香水の香りの中を通り過ぎたりした時は、彼らが連絡しようとしているのを分かってください。あなたが傍にいて欲しい時、彼らは最も単純な方法で一緒にいるのを知らせようとするのです。

私が話してきた母からのメッセージについての体験は、自分に大きな衝撃を与えた出来事だけを取り上げたにすぎません。私の近くに母の存在を感じさせてくれた体験は、もっとたくさんあるのです。母を思うとランプがチカチカしたり、または近くにいるのを感じたりした時もありました。時には、ラジオで母と関係のある歌を聞いたりしたものです。

私は「捜す」ではなく「認識する」のを学んできました。私は母が近くにいるとただ認識する事を学んできたのです。これは亡くなってあの世にいる他の人々にとっても真実だと私は理解しています。毎日の生活の特定の時間に、彼らが私の傍にいるのが分かっています。

私は、彼らに話しかけて自分が分かっている事を知らせようとさえします。あなたも試してみてください。楽しいですよ。

母は物理的な世界にはもういないのですが、私に新しくて面白い事柄を教えようとしてくれます。彼女は私が考えもしなかった場所やレベルに連れて行ってくれました。学校で何か学ぶには、あなたは授業を受けて先生の話を聞かなければなりません。ですからあなたの周りや霊に注意を向け、さらにどれだけ学べるか見てください。

こうした事は、私の毎日の生活に本当にプラスの効果をもたらしています。あなたがそれをまだ学んでいないのであれば、たぶん私の体験のエピソードが助けになるかもしれません。

第４章　自分の家族との交信

　叔母のフランと私は、私が小さかった頃からずっと親しい間柄でした。私が霊的な才能に目覚めるのに、彼女は大きな役割を果たしていました。今日に至るまで、彼女は質問がある時や、物を失くした時にさえも私に電話してきます。私は、彼女が失くした物がなんであろうといつも探し出せるのです。彼女の変わらぬサポートと霊媒師としての私に寄せる信頼について、私は感謝しなければなりません。

懐疑論者からカード・リーダーへ

第1章で述べたように、私が13歳ぐらいの頃に、叔母のフランはある霊能者を家に招きました。その女性はゲイルという名で、南ジャージー地区ではとても有名な人でした。彼女は歌手のシェールがショーのためにアトランティック・シティに来る時に、彼女のリーディングをする事でも知られていました。その時は、ゲイルが私に話した内容の多くは意味が全く分かりませんでした。彼女はその後の15年に渡って私に起きるたくさんの出来事について話していましたが、そのうちのひとつがとても印象に残りました。ゲイルは私をじっと見つめてこう言いました。

「あなたにはとても特別な才能があるわ。ある日、プロの霊能者になりますよ」

おかしな人だなと私は思いました。その時の私は完璧な懐疑論者でした。私は完全に未知の世界への興味からその霊能者に会いに行ったのです。彼女が私の将来について話した内容には全く関心がありませんでした。それは、私にはあまり意味をなさなかったのです。とはいえ、ひとつにだけは驚いていました。彼女は、私が少し前にタロット・カードのセットを買っていると言ったのです。それについては的中していました。彼女は、そのカードは私に適切でなく、しばらくすると私にぴったりのカードが見つかり、徐々にカードは必要でなくなると続けました。時が経つにつれて、彼女が正しかったという事がはっきりしてきました。

人々が霊能力や亡くなった人たちとの交信に懐疑的だと言うと、私は苦笑いをせずにはいられません。私もそうでしたし、誰がそうではないと言えるのでしょうか？時折、こういった事の多くは信じられない時もあります。不幸にも、能力のない霊能者や偽霊能者がいます。だからと言って、霊能者は信じられないと決めつけないでください。多くの正しく才能のある霊能者がいます。私は全く懐疑的になるなと言っているのではありません。少なくともこのような事のすべてに心を開いてください。

ゲイルが私のためにリーディングをしてからわずか2、3年で、私はかなり頻繁にタロット・カードを使い始めていました。16歳くらいの時、叔母のフランに近い将来のいくつかの出来事をタロット・カードで読み取るよう頼まれました。それで私は、叔母に彼女と叔父はしばらくすると新しい家を土台から立て直すと伝えました。2、3週間すると、雷が彼らの家を直撃して全焼してしまいました。何ヶ月かのうちに、叔母のフランと叔父のハリーは新居を土台から建て始めました。

何年もの間に、私は多くの友人や家族に、彼らの将来に起きる出来事について話してきました。しかしながら、とても仲の良い友人や家族のリーディングはなるべくしないようにしています。多くの場合、彼らは将来の話を聞きたくないし、嫌な情報があると無視します。それでもなお、彼らのほとんどが人生の重要な問題にぶつかると、今でも電話をかけてきて質問します。

叔父のハリー

私の叔父のハリーは、とても面白くて楽天的で誰もが彼を好きでした。彼は、親族のすべてのパーティに顔を出し､私が働くバーにさえ来たものです。バーの常連客は皆､彼をハリー叔父と呼んでいました。彼は誰でも笑わせる事ができました。母の葬式の場でさえも、落ち込んでいる雰囲気の中で皆を笑わせてくれました。でもハリーはお酒を飲むのが大好きで、それが彼を死へと導いたのです。

ハリーは重度の肝臓病で、余命は1年以内でした。彼の健康は日ごとに悪化していき、結局は、長い間ベッドでの療養生活となりました。私たちに与えられた時間が終わり、神様の受け入れ準備が整うと、私たちはあの世へと向かうと私は信じています。でも一部の人々は、愛する人たちともっと一緒にいたいために死と戦うという事もまた信じています。そのような人々は、単にあの世に行く準備ができておらず、神の意思を否定しているように思えます。

叔父のハリーもそんな人たちの一人でした。彼は医者たちの予想よりも、少なくとも三倍長く生きたのです。彼らは叔父が何年も長らえたのを驚いていました。

ハリーは死ぬ前の何ヶ月かの間に、叔母のフランと死や彼に会いに来る天使たちについて話しました。彼はいつも部屋にいる天使たちについても話していました。叔母は叔父が病気でとても辛い思いをしていました。彼女は叔父を死なせたくなかったのです。

さよならを言うこと

叔母のフランは、自身がハリーを手放さないでいるという事に気が付きました。ある日ハリーの意識がもうろうとしている時に叔母は彼の寝室に入って、「さよならの時が来ているのは知ってはいたけれど、私があなたに執着して行かせずにいたのがやっと分かりました」と彼に言いました。それから彼女は、彼が先に進んで幸せになるのを許して、苦痛、怒り、嫌悪やネガティブなエネルギーがなく、愛と幸福だけが存在し、美しさと静寂がある場所へ行ってくださいと言ったのです。

その後、叔母はいつものように庭師が芝刈りに来た時、普段はハリーの窓の近くでは彼が病気で眠っているので静かにするよう頼んでいましたが、その時は少し違った言い方をしたのです。

「どうか静かにしていただけますか？ハリーが亡くなろうとしています」

叔母がハリーの部屋へ戻ると、彼女は彼がついにこの世を去ったのを発見しました。

私はこの話を聞いた時、時々死を目前としている人々がこの世に留まっているのは、私たちが彼らをここに引き止めているという事を学びました。時には、私たちこそが手放さなければなりません。あなたはさよならを言い、その人があなたの心、あなたのエネルギーの一部として残るのを知る事ができます。彼らにあの世に行きなさいと言ってあげてください。彼らにその光の美しさについて話し、その光に向かうよう話してください。彼らに必要な許可を与えてあげてください。そしていつの日か、誰かがあなたに同じ事をしてくれるでしょう。

永遠ではありません。彼らはあの世で私たちを待っています。だから、あなたが誰かをとても愛していて、その人に去って欲しくないとしても、あなた自身が同じ状況にいてただ引き止められているだけの末期の病人でいたいかどうか考えてみてください。

この事はペットに関しても当てはまります。私がリーディングをする時に、よくペットの話が出ますが、ペットはあの世で亡くなった家族と一緒にいるのを知って欲しいのです。時々ペットはよく呼ばれていた名前を伝えて来たり姿を見せたりするので、私は顧客にペットの説明をする事ができます。もちろん多くのペットが安楽死させられましたし、また多くの人々はペットを安楽死させる個人的な事情があります。安楽死に関しての私の経験では、天国のペットやその他の魂はそれについて私たちに嫌な思いをして欲しくないのです。あなたは彼らを助け、彼らから苦痛を取り去ったのです。これはどのような形でもあなたが責められる事ではありません。

ある人たちは、死が近い人の生命維持装置を外すという難しい決断をしました。この行動で罪悪感や苦痛を感じてはいけません。亡くなったその人は先に進むための助けを得たのです。もし神がその人に死んで欲しくなくて、それがその人の去る時でないならば、その人は生き続け私たちと共にいるでしょう。それが3歳あるいは63歳であっても、私たちの目的が達成されると、神は私たちをあの世へ連れて行きます。ですから私たちはあの世へ行った人々については本当に幸せに感じるべきで、彼らが私たちを怒っているかもしれないなどと考える必要はありません。天国では彼らはそのようなネガティブな感情は持たないのです。

驚き

私の仕事の難点のひとつは、私が人々に話した内容をいつも思い出せるわけではないという事です。私がリーディングする時、情報は思考プロセスなしに私から溢れ出ます。ですから、唯一私が覚えているのは自分が驚いた事柄だけなのです。「凄いな、これってほんとに起きたことなの？」と私自身に言うような事です。

叔母のフランと私はほとんど毎日のように話をしていました。ある日、私たちがいつもながらの会話をしていた時、ブーン！という音が聞こえました。叔父のハリーがそこにいるのはもう間違いありませんでした。

私は叔父のハリーの存在をとても強く感じて、それから私の口から言葉が出始めました。本当にハリーだと叔母が確認できる事柄を私は言えるのだろうか？でも叔父は私を通して、彼が亡くなった日の午後に叔母が窓の近くの庭師たちに言った言葉を伝えました。

「どうか静かにしてください。ハリーが亡くなろうとしています」

これはフランだけが知っていて、彼女以外の人々、私さえも知らない事です。これは叔母にとってはとても重要な証拠となりました。

叔母のフランがハリーから確認メッセージを受けたのは、この件だけではありません。叔父が亡くなってから2、3年後の10月14日の事です。叔父のハリーについて考えていた時、私は自宅にいて家の周りを掃除していましたが、まるで彼についての思いに追いかけられているる感じでした。私はどうして彼が私の近くにいるのか知るために、叔母に電話さえしました。運の悪い事に彼女は留守でしたが、何回か電話した後にメッセージを残しておきました。

最終的に、彼女から返答の電話がありました。

「今日、ハリー叔父が近くにいて、なぜかあなたに電話して欲しいみたいだったよ」

私がそう言うと叔母が答えました。

「そうね、今日は彼の誕生日でしょ」

私は知らなかったと認めざるを得ませんでした。私は日付、特に誕生日となると全く覚えられないのです。それで、私は叔母に「これが叔父のやり方で、今日だけでなくいつも近くにいるのをあなた知らせているんだよ」と話しました。もしあなたがハリー叔父を知っていたら、叔母にメッセージを渡すのに、彼がからかって楽しめる私に会いに来るのが最適なのはお分かりになるでしょう。

まるで狂っているかのように

私がリーディングを行う時たびたび顧客に話すのは、とても狂った内容に聞こえるものほど、適切な言葉だという事です。例をあげてみます。

私はフィラデルフィアで約十人の女性グループのリーディングをしていました。参加者のほとんどはお互いに関係がありませんでした。私の関心は部屋の後ろに並んで座っている二人の女性に向かっていたのを思い出します。私はすでに亡くなっている彼らの兄弟と交信していました。彼は親指を上に向けて「どうも！」と言いながら「ハッピー・デイズ」のフォンジー（米国の人気コメディの登場人物）をやり続けました。これを言うのはとてもたいへんでした。この夫人たちはきっと私をバカだと思うと自分に呟きました。それでも結局はそれを話したわけです。

私自身も考えていたように、会場にいたすべての人はあたかも私が狂っているかのような目で私を見ました。するとどこからともなく声が聞こえてきて、後ろの二人の女性が急に笑い出して泣いているのが分かりました。私は、「どうか私たちにこの事を説明してください」と頼みました。彼女らは、その兄弟にはニックネームがあったと説明しました。彼は部屋に入って来る時はいつも両親指を立てて、「どうも！」と言う癖があったので、皆は彼を「フォンジー」と呼んでいたのです。

霊媒師として自分の才能を理解し活用する際の大きな問題のひとつは、見たり聞いたりした事をただ話す習慣を身につける事でした。どんなに狂っていても、そのメッセージをただ伝える必要があります。人々はすぐに分からなくても、後になって理解します。どのメッセージも大小にかかわらず重要なメッセージなのです。時にはそれは単に誕生日や亡くなった日付かもしれません。

でも、根本的なメッセージは、たぶん天国と呼べるもうひとつの次元、もうひとつの場所があり、亡くなった家族はそこから私たちを見守っているという事なのです。

メッセージの転送

私は、リーディングを通して伝えられる多くのメッセージは、場合によって他の人に渡すものだと理解しています。時には、私がリーディングを行っている相手は何も受け取らないで、友人や他の家族のような別の人へのメッセージを受け取る事がありました。何を伝えるべきかに関しては、あの世での彼らの事情と理由があるのです。ですが、それらは大切なメッセージであるのは確かです。もし彼らが誰か特定の人に来て欲しいのなら、それをずっと求め続けるでしょう。私は、姉妹あるいは母親が出席していない家族のグループ・リーディングを行った事がありました。亡くなっているその家族の霊は、私に出席していない人に電話してリーディングに参加させるよう強要したのです。

私は人々にメッセージを誰かに渡すのに義務感を持つべきではないと話してはいますが、霊はメッセージをなんとか伝えようとする気持ちだけにでも感謝するのは確かです。最近ある顧客が訪れて、以前私が彼女にリーディングで伝えた転送要求付のメッセージについて話してくれました。そのリーディングでは、若い頃乳癌で亡くなった彼女の友人が現れました。彼女は多くの情報を示し、その中にはまだ生存しているその女性の夫の名前も含まれていました。メッセージのひとつは、彼女があの世に行けた事を夫に知ってもらいたいというものでした。その顧客は、友人は何年も前に亡くなっているので、そのメッセージを渡す方法がないと断言していました。彼女は友人のご主人がどこに住んでいるかも知りませんでした。それでもその女性の霊はメッセージを渡してもらう事に感謝し、「その機会がきっとあるでしょう」と話していました。リーディングは終わり、その女性は去って行きました。

2、3ヶ月が経ち、その顧客が話を聞いて欲しいと私の所へ戻って来ました。彼女は、メッセージを渡す方法がしばらくの間本当になくて、仮にそれがなんとかできたとしても場違いな感じがしたはずだと説明しました。

ところがある日、花束を捧げるために彼女の友人のお墓に行く事にしました。彼女がお墓に向かって歩いていると、そこに男の人が立っているのが見えました。それは友人が亡くなってからずっと会っていなかった彼女のご主人でした。彼女は舌がもつれてしまい、本当に何をして何を言ったらいいのか分からなくなったそうです。そうしているとどこからともなく勇気が出てきたのです。あたかも彼女の友人の霊がそこにいるかのようでした。

リラックスした彼女はご主人と友人のような会話を始めました。彼女は「霊媒師の所へ行ったらあなたの奥様が現れましたよ」と説明すると、その男性はあたかも気分を害したような奇妙な反応を見せたそうです。彼は「私はその類の話は信じていないよ」と言ったので、彼女は次のように頼みました。

「せめて奥様があなたに宛てたメッセージを渡してもいいかしら？メッセージはあなたの好きなようにしていいのよ」

彼が同意したので、彼女はメッセージを伝えました。

「奥様は元気で天国に行って、あなたと子供たちを見守っていると言っていましたよ」

彼は少し動揺したようでしたが、その後去って行きました。彼女の説明では、彼の表情の変化で、メッセージはとてもうまく彼の心に届いた事が分かったそうです。たぶん家族を失った多くの人たちと同様に、その男性は天国だけでなく神の存在さえも信じられなくなっていたのでしょう。そのような人々は、「もし神がいるならなぜ子供たちや私から若い妻または夫を奪うのか？」と思うようになってしまいます。こういった状況では理解できる事です。

私たちは、神はこの世での使命を終えてあの世へ行く人のために、次の使命を用意していると信じて理解するべきです。その女性の霊は、彼女の夫に自分は天国にいて今でも存在している事を理解して欲しかったのです。うまくいけば、その男性は彼女がまだ傍にいて、彼や子供たちを見守っていて、ある日再会できるのを信じられるようになることでしょう。

第5章　天国を見つける

天国あるいは、私がよく引用する「あの世」は、美しい場所です。そこにはこの地上にあるようなネガティブなエネルギーは存在しません。臨死体験をしてあの世を見たと言う人々は皆似たような説明をします。白い光、天使たち、色彩とすべての美についてです。これは私たちにとって地上での人生が終わりではないという事への大きな確信に繋がります。来世があり、そこは私たち皆がもう一度出会う場所です。

私の青年時代には、それを信じるのはとても困難でした。死や終わりは私の中の深い部分で大きな恐怖でした。来世あるいは天国と呼ばれる場所は本当にあるのかどうかについて、頭の中で疑問が次から次へとやって来ました。死を考えると単純に恐怖で震えてしまいました。何度も何度も、死と死後の人生は存在しないかもしれないという考えは心の中へ侵入して来ました。

それからしばらくして、私の考えは信じる方向へと転換していきました。霊を見たり彼らの存在を感じたりする体験は、「あの世を見た」と言い切れるある非常に強烈な体験と共に、その心の転換に大きな影響を与えました。

22歳の時、私は地元町のペンシルバニア州、レビットタウンのさびれたショッピングセンターの一角で、ニューエイジの店を経営していました。ここでポールとシャロンという二人の友人に出会いました。

ある夏の午後、ポールが店にやって来て話を始めました。彼はガールフレンドのシャロンと共に戻って来て、私たち三人はまた会話をしました。すると彼らは、私の高校時代からの旧友で何年も会っていないビンスの友人だという事が分かりました。

全ての魂は同じ場所へ

ある日、ポール、シャロンと私は一緒にポールの車で町中をドライブしていました。私は、どこに行くのか分かりませんでした。私たちはたまたまビンスの家のある通りへと曲がると、偶然彼が二、三人の友人と家の外に立っていました。ビンスは車を停止するよう手を振り、私たちは車を寄せて彼と少し世間話をしました。ビンスと私は高校を出てから会っていませんでした。私たちはとても仲が良く、一緒にクラスの問題児として知られていました。私たちは高校時代にしょっちゅう一緒に遊び歩いていたのですが、よくあるように、卒業すると音信不通になってしまいました。

とても素敵な会話をした後、ポール、シャロンと私は車で走り去りました。実はそれが、生きているビンスに会った最後の瞬間でした。

私たちが夏の午後会ったその時は、ビンスに何もおかしな様子は見られませんでした。彼は元気そうで、微笑んだり声を出して笑ったりしていました。すべてがうまくいっている様子で、その時はたぶんそうだったのでしょう。けれどもわずか2、3週間のうちに、ビンスにとって事態はとてもひどくなっていたのです。

10月の薄暗いある日、空はさらに暗くなろうとしていました。そんな日に、私はポールからビンスが自殺したというニュースを聞きました。どうもビンスは、その時婚約していたと思われるガールフレンドとうまくいっていなかったようでした。たぶん彼女が別れ話をしたのでしょう。その話については確かにたくさんの出来事があったはずなのですが、私たちの多くにとってはミステリーのままでした。ビンスが動揺したり落ち込んだりしているような兆候はありませんでした。彼は妹と母親にお休みを言うと寝室へ行きました。彼らが生きているビンスを見たのはそれが最後でした。ビンスは部屋に入り、酒のボトルの栓を開けてがぶ飲みを始めました。

その時点から、彼に何が起きたのか私たちは詳しくは知りません。ビンスはライフルか散弾銃を掴み取りました。彼は寝室の窓から這い出て、通りの終点にある森へ向かいました。そこで彼は、自殺するべきか止めるべきかよく考えるため、木に寄り掛かって座れる場所を小川の近くに見つけました。

ある時点で、彼の指は引き金を引き、その音は近所に響き渡りました。人々はそれを聞き窓から外を見てみましたが、またテレビを観に戻りました。

翌朝、犬の散歩をしていた近所の人がビンスの死体の傍を通りました。それから間もなくして、私はその恐ろしいニュースを聞いたのです。ビンスの家族全員は、彼の死に直面してひどく取り乱していました。彼の死の状況がそれをさらに深刻にしていました。可哀そうなのは母親で、彼らはとても仲が良く、しかも一人息子だったのです。それで、一体彼の魂はどうなったのでしょうか？多くの人が考えるように、彼は地獄へ行く運命なのでしょうか？私の信念と体験から言ってそれは絶対に違います。

すべては、それがどんなに恐ろしい事でも、運命づけられていると私は心から信じています。なぜかは説明できません。ある日、私たちがあの世へ渡る時にその答えを学ぶ事になります。

私は、自ら命を絶った人々が報いを受ける別の場所、それが本当に存在するかどうか分からないいわゆる地獄のような場所へ行くとは信じていません。これらの魂は私たちすべてが行くのと同じ場所へ行くと、私は信じています。

天国と地獄（信じていればの話ですが）

いわゆる「悪い」魂が行く闇の場所があるかどうかは、私の心の中では明白ではありません。人々は私によくリーディングで地獄と呼ばれる場所と繋がった事があるか聞きます。答えは「いいえ」で、けっしてそうならない事を望んでいます。信じているのは、私が「低い次元」と呼んでいる暗い場所はあるという事です。そのような場所へ送られる魂たちの運命を何が決定しているのかは、私の理解を超えています。

あの世については、幼稚園から高校三年生までの学校のような仕組みだと考える事ができます。私が信じているのは、私たちは皆あるレッスン、たぶんたくさんのレッスンを学ぶためにこの世にいるという事です。学びを終えるとここでの時は終わりとなります。たとえレッスンを学ぶのに失敗したとしても、私たちは徐々にあの世へと向かいます。もし合格すれば、つまりレッスンを学べば、次のより高い学年へ向かいます。

すべての学年を進んですべてのレッスンを修了すると、あなたは卒業してより高い教育へと進みます。これは地上に再び戻らなくてもよいという意味です。予定していたレッスンを学ばなかったらどうなるのでしょうか？あなたは失敗した事になります。たぶん同じ学年か低い学年に行ってから再びこの世に戻り、以前ここにいた時のレッスンを正しく理解するまで学びます。自殺した人はたぶん人生のレッスンを学べなくて、罰則のようなものでいくつかの学年を戻るかもしれません。でもその反対も正しい可能性があります。それは誰も知りません。

自殺した魂たちとの交信で私自身が得た情報では、彼らは皆後悔しているのです。自殺した魂はこの地上に留まり、光の中へ入っていけない可能性があります。これが私の友人ビンスに起きた事だったのかもしれません。

ビンスを光へ送る

ビンスが自殺してから約1週間後、いくつかとても興味深い出来事が起きました。それまでの間に、ビンスの葬式や墓石代を募金するために大きなパーティが開かれました。パーティはとてもうまくいき、そこには涙も幸せもありました。それは家族の癒しの助けになりました。私がビンスの姉妹と母親に会ったのはそれが最初でした。それから2、3週の間に、私はビンスの母親と仲良くなりましたが、この親交によって多くの事が浮かび上がって来ました。

ビンスの母親は、彼の息子の霊があの世へ渡れたのかどうか知りたくて、何回も私に質問してきました。瞑想を通して、その答えは間違いなく「いいえ」だと分かりました。彼の霊は基本的に取り乱し混乱していて、まだあの世へ渡っていませんでした。ビンスの母親は、厳格な宗教的背景と信念体系で育ったため、息子があの世に行く事について絶望的になっていました。

亡くなるその瞬間、私たちの魂に何が起きるのでしょうか？臨死体験をした人々の説明から学べるのは、私たちは光を見るという事です。すべての魂が光に入って行くのを選ぶわけではありません。これが霊と幽霊の違いを私がいかに定義しているかの説明になります。

霊はあの世へ渡った人ですが、幽霊はこの世に留まってしまったり、あの世に渡る選択をしなかったりした人です。なぜ、一部の魂はあの世へ渡りたくないのでしょうか？可能性としては多くの理由があります。私の体験から言うと、幽霊は通常悲劇的に殺されたり、地上の人、たぶん愛する人に執着したりしているため先に進めないでいる霊です。おそらく光は短い時間だけ現れます。光がこれらの失われた魂たちに再度現れるように、私たちが祈って彼らが光を通りあの世へ渡れるようにしてあげなければなりません。

私の友人のビンスは最初、あの世へ渡るのを強硬に拒んでいました。彼の魂はあの体験に完全に心を奪われていました。彼は引き金を引く瞬間とても酔っていました。酔い過ぎていたので、おそらく全く引き金を引くつもりはなかったのです。でも彼の魂が体を去った時、自殺を実行してしまった事や家族に与える影響を悟りました。このような時に、霊は取り乱し始めて戸惑った感覚に支配されるのです。霊は何をしたらよいのか、またどうやって過ちを修正するのか分かりません。霊はその出来事を何度も何度も再演しながら徘徊するのです。これがビンスに起きた事でした。

私は、ビンスがあの世へ渡れずに休めないでいると実感した時、何かをする必要を感じていました。どうやったら彼を助けられるのか?何か私にできる事があるはずでした。取り乱したビンスの母親との会話は、その方法を見つけるさらなる推進力となりました。

それでいくらかの瞑想と私のスピリット・ガイドたちの助けで、ある計画が閃《ひらめ》いたのです。白いキャンドル、少量の特別な油、お香といくらかの良い祈りの言葉が私に必要な道具でした。

ある静かな10月の夜、私は一人、車でビンスの埋められている墓地へ向かいました。地面に座り、私は墓石に面と向かっていました。お香をいくらか焚いて、白いキャンドルを片手に、もう一方の手に油を注ぎました。目を閉じて瞑想し、油でキャンドル全体を擦《こす》りながら祈りました。

どうか主よ、このキャンドルをあなたの光でお清めください。
それが燃える時、光を明るく輝かせてください。
ビンスがあなたの手の中へ渡れますようお助けください。
どうか主よ、このキャンドルをあなたの光でお清めください。

それから私は、お香に並べて墓石の前へキャンドルを置きました。私は再度目を閉じて、光とそれに向かうビンスを心の中で描きながら少し瞑想しました。私は目を開き、キャンドルに火を灯して再び祈り始めました。

主よ、どうか私の祈りをお聞きください。

このキャンドルが燃える時、天上の光が明るく輝きますように。
ビンスが天国へ渡る助けになりますように。
あなたの手の中へ、良き主よ。

それから私の周りに少量の油を振り掛け、もう少し祈りました。

ビンス、今ここに私といるならば、どうか私の祈りを聞いて欲しい。
あなたは私の声が聞こえるのを知っているし感じています。
どうかあの世へと進んでください。
光に行ってください。ビンス。
そこで亡くなった家族があなたを待っています。
あなたの家族もこれをやり遂げるでしょう。
彼らはあなたに、あの世に渡ってもらい神の下《もと》で無事でいて欲しいのです。
どうかビンス、光へ行ってください。

この行動によってビンスがあの世に渡れると信じる母親のために、私は瞑想したり考えたり願ったりしながら少し長い間座っていました。私の祈りの間に、誰かが傍にいるという感じがしていましたが、それがビンスなのか他の人なのかは確かでありませんでした。結局、私は墓地にいたわけですから無理もありません！

30分後、私は仕事を終えたと確信しました。私は7日間灯し続けるための白いキャンドルを墓地に残しました。それは、背の高いグラスが付いた祈りのための特別なキャンドルで、7日間ずっと燃え続けるはずの機能がありました。

翌日、ビンスの母親から電話をもらいました。彼女はかなり取り乱していました。

「ジョセフ、私凄く心配しているの。あなたはビンスの墓に白いキャンドルを置いたのよね？」

「はい」

「ところが、キャンドルが時々消えてしまうの。私は火を灯し続けるつもりだけど、また消えてしまうの」

「今日は風がとても強かったからね」私は彼女の大きな助けになっていました！

「私たちに何ができるかしら?風があなたのしてくれた事をダメにしてしまうかしら?どうしたら火を灯し続けられるの?」

その電話で、私が油断していたのが分かりました。私の頭は真っ白になりました。それから、ビンスの母親は墓地用の長持ちするキャンドルの使用を提案しました。私は少し高過ぎるよと言いました。良い解決法が見つかるまで、それについて2、3分考えていました。

「僕が墓地に戻るのはどうだろうか。キャンドルを取って家に持ち帰るよ。また祈りをして、キャンドルに火を灯し続けるよ。そうすれば火がついたままになるし、ずっと見ている事もできる。それで僕は構わないよ。墓地ではすでにやるべき事はしているからね」

これでうまくいくと彼女を納得させると、ビンスの母親は私に感謝を述べて会話は終わりました。仕事の後で私は墓地に戻り、ビンスの墓からキャンドルを取り戻しました。キャンドルは風で火が消えて冷たくなっていました。私は、油でまだ少しぬるぬるしているキャンドルを拾い上げ、ビンスに「やあ」と言い車で家に向かいました。家に向かう時、私は本当にビンスが一緒に車に乗っているような気がしました。それは強く重苦しい感情でした。

私は家でもう一度キャンドルに油を塗りました。その後でいくらか香を焚き、祈りを繰り返し、再度キャンドルに火をつけました。少なくとも、それに火をつけようと試みていました。キャンドルの芯は冷たい10月の風で湿っていました。私はキャンドルに火をつけようと何回も何回も試みていましたが、徐々に火を灯せるようになりました。私の周りにまだビンスがいるのを感じながら、少なくとも残りの6日間途切れなく燃え続けるようにキャンドルを寝室の化粧台の上に置きました。

5日後、キャンドルはまだ化粧台の上にあり、途切れる事なく昼夜炎が揺らめいていました。ビンスの母親から再度電話があり、あいさつの後に私の支援のすべてに感謝の言葉を述べました。私はキャンドルと祈りは効果を上げていて、彼のエネルギーはまだ感じられるが間違いなく静まっていると断言しました。彼のエネルギーをまだ感じるので、ビンスはあの世に渡っていない確率は高いようでした。でもまだもう1日あり、私たちはその夜も最高の結果が出るよう祈りを続けるつもりでした。すると、ビンスの母親は息子についての最近の体験を話し始めました。

「私はマッチの匂いが嫌いなので、いつもビンスにライターを買ってあげていたの。家では彼だけが煙草を吸っていたのよ。この前の夜、一人で寝室にいると、その匂いが迫ってきたの。マッチの硫黄が燃える匂いなのよ。家には誰もいないのは分かっていたけど、様子を見に起き上がってキッチンに行ったわ。キッチンはビンスがいつも煙草を吸いに行った場所で、そうでなければ外で吸っていたのよ。キッチンに入って行くと、硫黄の匂いはさらに強くなり、まるで誰かがたった今マッチを擦ったような気がしたわ。何気なくキッチンの床を見ると、そこにあったのは信じられない物だったの。マッチ箱よ！箱の横には擦ったばかりの一本のマッチがあったの。ビンスが私に何か話そうとしていると本当に信じているわ」

「彼は必死に自分があなたの傍にいるのを知らせようとしていて、たぶん自分がした事を謝ろうとしているのではないかな。少し奇妙に思うかもしれないけど、たぶん彼はあなたの許しを待っているので、そうしてあげればきっとあの世に渡れるようになりますよ」

彼女は私に同意して、彼は本当に許しを得ていると断言してくれました。再度私は彼女に祈りを続けて欲しい、自分も同様にすると告げました。

ビンスの墓で祈り始め、キャンドルの火を灯してから8日が経ちました。その日私が仕事から戻ると、とても謎めいた現象に気が付きました。ビンスのために私が火を灯したキャンドルがまだ明るく燃え続けていて、炎は力強く揺れていました。私の経験から言うと、このようなキャンドルは通常はそんなに長くは燃えないのです。完全に7日間もったら幸運で、普通は6日で燃え尽きてしまいます。墓地で火をつけたり消したりするキャンドルですら、数日間余分に持つ事はありません。

その夜、寝る前にもう一度ビンスのために祈り、それが私に深い眠りをもたらしました。翌朝、キャンドルはまだ明るい光を放射しながら炎が強く揺らいでいるのが分かりました。なぜこうなるのだろうか?どうしてこれが起こりえるのだろうか?こんな事は聞いた事もありません。不思議な事にキャンドルはまだ燃え続けていました。キャンドルが11日目の夜に燃え尽きるまで、さらに2日が経過しました。これはどういう兆しなのだろうか?キャンドルと祈りは効果があったのだろうか?私はうまくいったと思いました。でも、ビンスが実際にあの世へ渡れたかどうかは、主のみがご存知という事になります。

その時、あたかもビンスがあの世へ行けたかのように、周りのエネルギーはとても静かでした。私は彼の墓を再度訪問したのですが、この時は以前のような感じではありませんでした。以前のような悲しみや混乱はそこにはありませんでした。それに加えて、ビンスのエネルギーは感じませんでした。

ビンスはあの世へ渡ったのでしょうか?それからしばらくして、私は質問の答えを得て、来世の存在についての私の信念に関する限り、最も意義深い証拠を得る事となりました。

ビンスの訪問

私がベッドに入った時は、いつものような普通の夜でした。でも眠っている間の真夜中に驚くべき事が起きたのです。それは、かって見た事もないような夢でした。私は夢の中で完全な暗闇にいて、自分以外には何も存在していないかのようでした。その後で、私はある目標に向かって浮かんで行く気がしました。突然、遠くに光が現れました。それはこちらに近付いて来るようでしたが、実際には私の方が光の方向に浮きながら向かっていました。光がさらに明るく強くなった時、美しい色のいくつかの雲が私の周りに形作られていました。光は愛に満ちた平和なエネルギーと暖かみがあり強烈なものでしたが、目を傷つける事はありませんでした。それから、私はゆっくりと動きを止め、私の周りの美しい光景を眺め始めました。凄いな！と深く感心したのです。

とても明るい光から少し離れた場所に、私は若い男性の影を見ました。ゆっくりと、その影は明るい光から私の方へ浮かんで来ました。愛、喜び、幸福、人が感じられるすべての心地良い感情が私を圧倒していました。それは、私の周りで今迄聞いた事のないような美しい声で天使たちが歌っているかのようでした。それから青年の影はさらにはっきりして来ました。その人はビンスでした。彼は、私のすぐ傍まで浮かんで来て私を歓迎しました。私は彼の話し声をすべて聞いていましたが、彼の口は動いていませんでした。私の周りに天使たちがいるのを感じたのですが、ビンスや明るい光と美しい色彩以外には何も見えませんでした。私は天使たちが歌っているような気がしましたが、彼らの歌声は聞こえてはいませんでした。それからビンスは私に話し続けました。

「君の助けと母への援助に感謝しているよ。私は大丈夫。ここにいて無事で幸せだよ。できたらこの事を母に知らせてくれないか。色々とありがとう」

それから彼は私を抱きしめましたが、それは今まで感じた事のない、まるで天使に触れられたような感じでした。彼が離れると、二人の顔には涙が流れていました。その涙さえも今まで経験した事のないようなものでした。それからビンスは後ろを向いて、明るい光の方向へ浮かんで行きました。男性と女性が彼の手を取り、三人は光の中へ消えて行きました。その時すぐに、深い眠りから醒めましたが、夢の中同様に自分の顔が涙で覆われているのが分かりました。それが友人のビンスの実際の訪問で、天国への入り口の実際の光景だった事に疑いはありません。

天国と呼ぶ素敵な場所

私はしばしば「天国はどんな場所？」と聞かれます。私はただ知りませんとしか答えられません。私は単に人々が天国と呼ぶ素敵な場所をわずかに垣間見たにすぎません。そして、その小さな一瞥《いちべつ》から、私たちは何の心配事もなく、人生のすべてをこれから先の楽しみにできると保証できます。私の経験から言って、天国はすでにそこへ渡った他の人々と出会う美しい場所で、恐れ、怒りや嫌悪がなくただ美しく、平和で愛のある美しい場所だと信じています。

亡くなった人々の霊または魂は、違った方法で私たちと連絡を取ろうとします。ビンスの件で私が示したように、彼らは夢を通して自分たちが元気で私たちと共にいるのを証明しようとします。確かに私たちは夢の状態にいるのですが、私はこういった体験を夢とみなしていません。私はそれをあの世の人々の訪問と呼んでいます。これは私たちの多数が経験する事で、彼らが来世で元気でいるのを私たちに確信させる方法なのです。

多くの人々が夢を通してこのような証拠を体験しているにもかかわらず、残念ながらすべての人が同様というわけにはいきません。これはたぶん、私たちが違った睡眠のパターンと段階を持っているからなのでしょう。

あなたの睡眠中、あなたの意識はいくつかの違うレベルに到達します。私たちの何人かは、夢をとてもはっきりと覚えていられる段階に入ります。また何人かは睡眠がとても深くて夢を見ません。実際は私たちは皆夢を見ていますが、ただ覚えていないだけなのです。

あの世の人々は、私たちが睡眠のある段階にいる時だけ、手を伸ばす事ができます。私たちがその段階を超えていたり、その段階に達していなかったりする場合は、彼らは私たちに到達する事ができません。

もちろん、亡くなった人が現れるすべての夢が必ずしも本当の訪問というわけではありませんが、真の訪問がある時、あなたにはそれがはっきりと分かります。あなたは疑問を全く持たずにただ理解するのです。

しかしながら、意味ある夢を一生懸命探そうとすると、ちょうど目の前にある夢以外の他のサインを見逃してしまうかもしれません。

ビンスが夢で私の下に来た時、私は「分かった」のです。その感情、光景、目覚めた時の涙、そのすべてが、私に感謝の言葉を伝えて特別な時間を分かち合う彼のやり方だったのです。私への贈り物は、あの世とそれが示すべき美しさを一目見る機会を得るという事でした。

第6章　想定外への期待

これまでに、私は亡くなった家族が毎日の生活の中で私たちと交信したり、証拠を示したりするいくつかの方法を説明して来ました。再び強調したいのですが、こういったサインは一生懸命探さないようにするべきです。それらがただ伝わって来るようにしてあげてください。顧客とのリーディングをする時、私はいつも想定外を期待してくださいと言っています。

リーディングのために私を訪問しがっかりして帰った人々は、ほとんどが特定の人の霊が現れて特定の話をするのを期待していました。ちょうど、私がリーディングの間にどんな事柄または人物が現れるのかけっして分からないのと同様に、あなたがどのようなサインを得られるのかはけっして分かりません。どんな人でも出現できるし、全く期待していない人、よく知らない人、全く知らない人でさえ現れる可能性があります。

無意識の方向変換

ニュージャージー州、アルファで開かれた八人の女性のパーティに向かっていた時に、私はある交差点で間違った方向に曲がってしまったのですが、ある意味では結果的にそれは正しかったのです。私は町の中心部の行き止まりにある信号に来ていました。地図は隣のシートにあり、左折しなければならなかったところなのですが、いくつかのおかしな理由で、私の心と体は無意識に右に曲がる事にしました。それで、私は方向転換しなければと思いながらも、この小さな町の道路を走り続けていました。そのために私は何をしたでしょうか？

前方の右側に大きなスーパー・マーケットがありました。そこの駐車場で方向転換してももともと行くべきだった道へ向かおうとしていた時、追悼の花束やその他の物がわずかに視界に入りました。誰かが確かにその場所で亡くなっていました。磁石が私をその場所へ引き付けるかのように、車を寄せて停車しました。その道角で死んだ若い男性の強烈なエネルギーを感じました。何のサインもないにもかかわらず、それは圧倒的な感情でした。私は運転を続けて2、3分遅れでパーティに到着しました。

パーティでのリーディングは、少なくとも最初の二つは非常にうまくいきました。その後で三番目のリーディングが始まりました。それは、あるひとつの目的が心の中にある女性のためのものでした。もし女性の父が、彼女の心にある特定の目的と共に現れなければそのリーディングは失敗で、現れた人は彼女の父ではないというものでした。

この女性のためのリーディングは、結局強烈なものとなりました。最初、彼女の祖母が様々な名前や特徴と共にとても強く現れました。でも、この女性は、祖母が伝えたいメッセージは聞きたくありませんでした。彼女はとてもネガティブな傾向を持っていましたが、彼女の父が現れ始めた時は、少しくつろいで聞く事ができそうでした。でも、彼女は父が伝えたいメッセージにも関心がありませんでした。どうも彼女は事前に小さな祈りを呟いていたようで、彼らが共有する何か特別な事柄をリーディング中に話すよう父に頼んでいたのです。ところが彼女の父はとても素敵なユーモアのセンスがあり、何かの形で彼が冗談を飛ばしたいのは明白でした。とにかく、彼女は聞きたい話を聞けなかったので、がっかりし不機嫌になって出て行ってしまいました。

次は、17歳くらいの若い少女が来ました。彼女は可愛い笑顔で、私と向かい合わせの椅子にとても神経質そうな様子で座りました。リーディングが始まりました。彼女は知りませんでしたが、いくつかのとても強烈なメッセージを受けようとしていました。

私はいつものように、霊の世界からは親しいかどうかにかかわらず、誰でも現れる事ができると彼女に説明しました。この少女のためのメッセージは、なぜか会った事のあるような彼女の祖父らしき人から伝わって来ました。少女は彼女の祖父が伝えてきたすべてを認めていました。彼女がティシュペーパーを掴んだ時、涙がゆっくりと彼女の顔の上を流れ落ちました。それから祖父は脇へ寄り、もうひとつのエネルギーが現れ始めました。

若い男性が、少女のためのメッセージを私に渡すために前に進み出ました。最初、彼はダニースという名の妹が一人いると伝えて来ました。少女は目に涙を浮かべながら私を見上げ、ダニースは彼女の親友でまだ生きていると話しました。ダニースは今晩このパーティに来るはずでした。その後で、その若い男性は自動車事故で死んだと教えてくれました。彼は自分の名前と、事故が起きた日付を話してくれました。

その時、その光景が非常にはっきりと現れました。事故は私が間違った方向に曲がった交差点に近い場所で起きたのです。私はこの事を少女に説明しました。若い男性にとっては、すべてを明確にするのはとても重要で、彼は母と妹の両方に「自分は元気で天国へ渡れた」と伝えてもらえる事を望んでいました。少女はもう一枚のティシュペーパーに手を伸ばしていました。若い男性は彼女に感謝し、彼のエネルギーは後退していきました。

少女のリーディングの間に、再度彼女の祖父のエネルギーが支配し始めました。さらにいくつかのメッセージが彼女に伝えられました。でも彼女の祖父のエネルギーが引き下がる前に、最後のメッセージが届きました。私は今でもそれを、とてもよく覚えています。

「あなたのおじいさんは、あるメッセージをあなたのお母さんに渡して欲しいそうです。彼はあなたのお母さんの父親だと言っていますが、正しいですか？」

「はい」と彼女が囁きました。

「彼はお母さんに伝えたいある映画を見せてくれています。それはどうも『オズの魔法使い』のようです。彼がなぜそれを私に見せたいのかあなたに分かりますか？」

「全く分かりません」彼女がまた囁きました。

「うーん、彼はその映画を私に見せ続けているので、それについてはとても強引ですよ。それから、彼はあなたがメッセージをお母さんに渡してくれるのを感謝しています」

その後で、彼女の祖父のエネルギーは後退し、リーディングは終了しました。少女は別の涙をふき取ると、現れた若い男性について話してくれました。

「今日ここに来るはずだった友人のダニースには兄がいて、あなたが説明していたその場所で交通事故で死んだのよ。彼についてのあなたの話はすべて本当よ。おじいさんと『オズの魔法使い』についてはよく分からないけど、母には話しますね」

その後、彼女は感謝の言葉を述べてから涙を拭いて部屋を去って行きました。数分後、他の部屋から興奮した声が聞こえて来て、ある女性が「なんてことなの。信じられないわ。なんてことなの！」と叫んでいました。それから、その女性は私が座っている部屋に駆け足で入って来ました。

「なんてことだ。彼女はもうけっこう。助けてくれ」と私は心で叫びました。それは少女の少し前にリーディングをした女性で、聞きたい話が聞けずに怒って出て行ったその張本人でした。彼女はわめき散らし狂ったように突入して来ました。

「なんてことなの、なんてことなの、ジョセフ。信じられない話よ。信じられない話なの」

「私は間違いなく信じますよ、狂ったご婦人」と私は心で呟きました。

「今日ここに来る前に、私は父に特定のメッセージを持って現れてと頼んだの。それは私の子供時代にいつも一緒に見ていた映画そのものずばりについてね。私は祈り、もし本当に父ならそれについて話すべきよと言ったのよ」

私はこの夫人は少し頭がおかしいのでは考えていました。彼女は長々と話し続けていました。

「たった今あなたが娘のリーディングをして、父が私に渡したいメッセージを娘から聞いたのよ。娘は父が『オズの魔法使い』と言ったと言っていたわ。話というのは、あなたが娘にそう言ったのが信じられないのよ。それこそが私の成長期に父といつも見ていた映画だったの。私たちが好きだった映画で、父にそれについて話してと私が祈った事なの。なぜあなたが、私のリーディングをしている時にそれを話してくれなかったのか私には分からないわ」

すでに私が述べたように、その男性には素敵なユーモアのセンスがあったという事です。

私は何年もの間霊媒師として働いてきましたが、今でも何を期待するべきなのかが分かりません。そのリーディングでは、私はただ説明して少女はメッセンジャーになったわけです。こういった事はいつも起きます。けっして分からないのです。時々、それは私の仕事をほんの少し難しくします。人々は見知らぬ人ではなく、家族や愛する人々が現れて欲しいと考えながら私の前に座ります。

一度ある人の自宅でセッションをした事があります。その家の数軒先の家には息子さんがいましたが、交通事故で亡くなっていました。セッションでは彼を知っている人は誰もおらず、その家族もいないのにもかかわらず、その息子さんが現れたのです。しかしながら、参加者は皆その事故の件は知っていました。それで、その若い男性は誰かがメッセージを家族に渡してくれるのを期待して現れたのです。

恐ろしいリーディング

フラン叔母のためのいつも通りのリーディングの最中に、予期しない事が起きました。私が個人的には気にしないいくつかの物事が現れ、私は自殺した若い女性のエネルギーを感じたのです。彼女は名前のイニシャル、それから誕生日等を伝え始めました。叔母が彼女の名前を言うまでは、私には誰が現れようとしているのか分かりませんでした。彼女は、連絡して愛を送り届けたい家族やその他の人々のためのメッセージを私に伝え始めました。その後で、彼女は私にある事件の詳細な情報を投げかけてきました。

その出来事のすべてが、私の眼前で再演されました。この若い女性は、ピックアップ・トラックの助手席にいました。その時の彼女のボーイフレンドだった男が運転席にいました。彼らはかなり飲んでいて口論を始めたのです。言い争いは、汚い言葉の応酬と共に激化していました。彼女は車から降りて歩くと脅かしました。その時彼は彼女を殺そうと決めました。まだ少なくとも時速50マイル（約80キロ）で走っている時に、この男は二、三の売り言葉を言ってから、助手席のドアに手を伸ばし、開けて彼女を押し出したのです。彼女は車にしがみついていました。足はピックアップ・トラック横の地面上にぶら下がっていて、彼女は彼に向かってさらに罵り言葉を叫んでいました。その後彼は、彼女が車にしがみついていられなくなって固い路肩に滑り落ちるまで、左右に急ハンドルを切ったのです。

それがすべてではありませんでした。その凶悪犯は車を寄せて停止し、方向転換しその場へ戻って行ったのです。この男は、彼女が大丈夫かどうか確かめようともしませんでした。この男は彼女の上に車で乗り上げて、すべてを終えるために戻って行ったのです。

その後、何が起きたのかは正確には分かりません。ただこのリーディングの後で叔母が話してくれた事だけは知っています。彼女が示したかった本当のメッセージは、彼女は殺されたという事実でした。彼女の死について私が聞いてきた内容からすると、それは事故だと思われていました。

彼女とボーイフレンドはピックアップ・トラックでドライブをしていて、一般に信じられているところでは、彼女は後ろの荷台に行くためスピードの出ているトラックから這い出ようとしました。トラックの荷台に上ろうしている時、彼女は滑ってしまいハイウェイに落下したというものです。その時点で彼女は即死しました。これが叔母が聞いていた話でした。私の心では疑いもなく少女は殺されたのです。私は、この次元上に隠された多くの秘密、聞かされていない話、そして殺人があるのを知っています。恐ろしい事です。

想定外のリーディング

想定外を期待するのは、私の仕事では時々楽しい事になります。でも、時には気を散らされる時もあります。例えば、私が仕事の準備をしている時に、友人の父親の霊が突然訪問して来るような場合です。私が歯を磨いている間に、彼は他の人に渡すメッセージを持ってどこからともなく現れるのです。そのメッセージを受け取るはずの人は、私のとても親しい友人の旦那さんでした。私は亡くなったその男性に家族の集まりで二、三回会っていました。彼は霊能者について私によく冗談を言ったものでした。それで、彼はすでに亡くなっているにもかかわらず、再度私をからかう機会は逃さないのです。

私は、彼の名前と彼が背骨の障害やその他の健康問題でひどく苦しんでいた事以外何も知りませんでした。不幸にも、彼は自ら命を絶ったのです。彼のメッセージも他の自殺した人々と同様で、自分の過ちを謝罪し認め、また天国では元気でいる証拠を示すものでした。それで私は、メッセージを伝えるため友人の夫に電話しました。

「やあ、ジョン、元気かい?」

「悪くないよ。頑張ってるよ、ジョー」

「さて、ジョン、これは少し狂った話だと思うかもしれないが、電話しなければならなかったんだ」

「どうして?」

「いや、私の仕事は知っているよね。霊媒師をしていて霊と交信するのは知ってるでしょう」

「ああ、続けてくれ」

「君のお父さんがたった2、3分前に会いに来たんだよ。それですぐに君に電話しなくちゃと思ったんだ。仕事には遅れてしまうけどね」

「こいつは本当に奇妙で凄いな。たった今家に入ったんだけど、こんなに早く家にいる事はないんだよ。いつもはこの時間に連絡は取れないよ」

「さて、話というのは、お父さんは自分のした事を後悔しているんだ。でも言い訳をしに現れたのではなくて、それは苦痛だったと彼は言っている。彼はまた多発性硬化症（ＭＳ）について述べていた。彼がＭＳを患っていたのは知っていたの？」

「いいや、でも、もしそうだったなら、知っていたはずだと思うけどね」

「お父さんはその病気だったけれど、皆には隠していたんだと思うよ。彼はまた車椅子を見せてくれたよ。車椅子生活になってしまうと言いたかったのかどうかは分からないよ」

「驚いたな！本当に怖くなってしまうな」

「どうして？」

「ジョー、実は父さんは車椅子工場で働いていたんだよ」

「えっ、それは知らなかったな」

「そう、君は知らなかったはずだよ。だから、本当に凄いんだよ」

たぶん凄いのかもしれませんが、あなたが想定外を期待していればそうでもありません。

もうひとつの想定外の事件は、以前私が住んでいたニュージャージー州サージャンツビルのアパートメントの大家さんで、隣人だったジャックの友人のためにリーディングをしている間に起きました。ジャックは霊媒師としての私の仕事にとても関心はありましたが、その内容については半信半疑でした。

ある午後、そんなジャックが彼の家で女友達の一人のためにリーディングをできるかどうか、私に聞いて来た時は本当に驚きました。その晩、私はジャックの友人のキャシーに会うために彼の家に行きました。キャシーと私はテーブルに席を取りましたが、ジャックは私たちから少し離れた椅子に座っていました。

最初に私は、キャシーが理解できるように、リーディングがどう機能するのかを説明し始めました。その後で、私はリーディングを開始しました。まず、キャシーの祖母がいくつかのメッセージと亡くなった時の詳細情報を伴って現れました。

その後で、想定外の出来事が始まりました。

「若い男性と思われるエネルギーを感じています。実際、たぶん若い少年だと思います。私に姿は見せていないのですが、彼のエネルギーは確かに若いです。彼は、数字の5が重要だと言い続けています。彼の名前はたぶんDで始まるか、Dominickのような名だと思います。彼はまた8月と3月15日についても何か話しています。今彼は、美しい景色の山の中腹を見せてくれています。なぜか分かりませんが、彼がオレンジをひとつ見せています。彼は元気で、今いる場所で幸せだと話しています。彼は、それは事故で誰も自分を責めるべきではないと言っています」

ふとジャックの方を見ると、彼の頬に涙が流れているのに気が付きました。彼は非常に動揺しているようで、私たちの方を向いてこう言ったのです。

「信じられないよ。これが現実の出来事なんて正直言って信じられないよ。私には小さな弟のニックがいたんだよ。彼が5歳の時に、家族と山に登っていたんだ。我々は小道を歩いていて、それは暑い8月の午後だったよ。弟は持っていたオレンジを地面に落としてしまい、それがとても深い崖の淵の方へ転がって行ったんだ。彼はオレンジを追いかけて、崖から落ちて死んだんだよ。この出来事に誰もが自分を責めたよ。私の子供たちは私の弟、つまり彼らの叔父を知らないいんだよ。これは誰にも話さなかった事なんだ。そうだ、3月15日は私の誕生日だよ」

それは50年以上も前の話にもかかわらず、ジャックは弟がまだ近くにいるという確証を得ました。これは多くの面でジャックを助けたはずでした。

1週間後、ジャックの家に立ち寄ると、古いアンティークの熊のぬいぐるみがあり、それを保護する手製のガラスケースにとてもうまく収まっていました。私はその熊について聞いてみました。彼は「そいつは私の小さな弟の熊なんだ」と言いました。それは、あの日のメッセージが、とても長く待ち焦がれていた癒しを必要な場所にもたらした確かなサインでした。

私が驚く番／ビンスからのメッセージ

想定外を期待するのは、いつもはリーディングの相手方を通して私が間接的に体験する事です。ところが今度は、想定外な事を直接体験したのです。

２００３年の冬のある時、ある有線放送の広告に私はとても興味を持ちました。それはたいへん有名な霊媒師の次回の優良視聴番組についてでした。彼はショーの間に視聴者からの電話を受けると宣伝していました。なんと素晴らしいアイデアだろうと私は思い、カレンダーのその日付に印を付けました。電話して彼と話すのはどんなに凄い事でしょう。彼は何と言うのだろうか？私の母は現れるのだろうか？番組の前の数日間、こういったすべてが頭の中を駆け巡っていました。

番組の日がついにやって来た時、電話がうまく繋がって番組を録画できるように、私はビデオデッキをテレビと接続しました。番組が始まり、私は電話が話中でないのを期待しながら、案内された電話番号を何回も何回もダイアルしたのです。約4分で電話が繋がりました。録音が聞こえてきて、電話番号は正しく、電話は受けた順番に繋げられるとの説明がありました。

突然、私の心臓がドキドキし始めました。これはパニックなのだろうか、神経質なのだろうか、それとも興奮しているのだろうか？私はこの有名な霊媒師と話そうとしていました。彼は何を話すのだろう？どんなメッセージが現れるのだろう？彼には私が同じ仕事をしているのが分かるのだろうか？

私には、電話をかける特別な理由はありませんでした。母は私の近くにいるし、それは自分自身にいつも証明しています。あくまでも私は彼がどんな話をするのか様子を見るために電話したのです。それ以上の事は何もありません。期待なしです。

私は神経を尖らせて、電話リーディングの時に使用するテープレコーダーや電話接続のための付属部品を探し始めていました。そしてレコーダーを接続して、煙草を吸い続けながらいつでも録音ボタンを押せるように待機していました。ビデオデッキが録画しているのを確認しに二、三回立ち上がりましたが、私は汗をかいていて心配で気が休まりませんでした。

私の電話は1時間以上保留されていましたが、電話を受けてもらえる自信はまだありました。でも、時間の経過とともにその霊媒師があまり電話を受け付けないのに気が付いたのです。私は、この有料視聴番組全体が電話をかける人々を目的にしているという印象を持っていましたが、残念ながらそれは間違いでした。彼のツアーの長い映像が流されていて、時折電話でそれが中断されるという状況でした。私は悩み始めていました。

私はゆったりとしてきて、もう一本煙草に火をつけ、ソファのあたりを行ったり来たり立ったり座ったりしていました。徐々にツアーの放送は終わりに近付き、霊媒師は別の電話を受け付けました。私は、電話をかけた婦人に彼が話した内容や、それがいかに彼女の心に届いたかを驚きながら聞いていました。彼女のリーディングは終了し、彼はもう一本電話を受け付けました。そして電話をかけた人に、以下のような説明をしたのです。

「どうか私が間違っていたら訂正してください。でもある理由で、このメッセージはあなた宛てではないと思います。それはたぶん、電話をかけて来ている他の方に宛てたものだと思います。私と繋がるのを待っていて電話を保留している方です。ですので、私が話している内容が意味不明だったらごめんなさい。もし辻褄が合っていたら、それはあなたにとって良い事です。必ず知らせてくださいね」

彼がこの女性に話した内容は、彼女にとってはすべて意味不明でした。彼女は彼が話している事は理解できませんでした。一方で、それはとても強く私の心に響いていました。彼は話し続けていました。

「私は、若い男性のエネルギーが現れたのを感じています。彼の名前はVという文字が重要だと感じています。彼は銃を使って自ら命を絶ったと話しています。13という数字と10月もまた重要です。彼はその出来事は家の近くの森の中で起きたと話しています。彼は大きな木を見せているので、それがこの木の近くで起きたのだと感じます。彼は天国へ渡るのを助けてくれたある人に感謝したいそうです。そのような危機の間に、彼の家族を支えてくれた事に感謝したいそうです。彼はまた夢による証明についても話しています。私には彼が何を言いたいのか分かりませんが、彼は以前一度夢を通してその人を訪問したと言っているようです。彼はまた姉妹が二人いて、可能な限りこのメッセージを受け取って欲しいと言っています。彼は消える前にもう一度その方に感謝していました。このメッセージがあなたに宛てられたものでないのは謝罪しますが、電話を保留しているその方がこのメッセージを聞いてそれをご自分で確認できるのを期待しています」

その後で、番組はツアーの映像に変わりました。私はたった今現れたメッセージで呆然と椅子に座っていました。その後興奮がやって来て、私の愛犬を驚かしながら飛んだり跳ねたりしました。

「信じられないよ。ビンスが現れたんだ。聖母マリアよ、本当に信じられないよ」

霊媒師が話した内容のすべては完璧に正確でした。その日付はビンスが自らの命を絶った命日でした。彼が言うように、すべては森の木の近くで起きました。夢、感謝、二人の姉妹、すべては完全に一致していました。電話を保留して待っていた張本人は私だという事実は言うまでもありません。ビンスはいつも冗談好きで、皆を笑わせたりトラブルを起こしたりするのが大好きでした。私たち二人は、クラスで一緒にバカ騒ぎをするのでよく知られていて、トラブルメーカーで最後は校長室に行くはめになったものでした。

今回もそのメッセージで私を驚かせたのを、してやったりと彼が笑っているのが見えるようです。彼は私に感謝したのでしょうが、それ以上に私が彼に感謝しているのです。彼はこういった体験や証拠からたくさんの事を私に教えてくれたのです。

霊媒師と話す事なくリーディングを受け取ったのが分かり、私は電話を切りました。私はそういった事を全く期待していませんでした。繰り返しますが、想定外でした。

もし私が心を完全に閉じていて、特定のメッセージを特定の人から聞く事に集中していたとしたら、このメッセージはたぶんけっして体験できなかったでしょう。

さらに、ビンスのメッセージは、私の仕事が霊媒師だから届いたわけではありません。それは、私がその体験に心を開いていたから起きたのです。

これが、なぜ心を開き続けて、完全な想定外を期待する事が大切なのかの理由なのです。

第7章　霊は奇妙な方法で語りかける

「霊は奇妙な方法で働きかける」

私は何年もこの文を引用していて、現在も変わりありません。詳しい説明をする必要はありません。でも、何年もの霊能者の仕事で、この引用文が何回も証明されて来たのが分かります。私が言いたいのは、天国にいる亡くなった人々に関して言えば、何を期待するべきかけっして分からないという事です。

次の話は、本書の他の話同様に、私が何年もの間引用してきたこの文が、本当に事実である事を証明すると思います。霊がどのように働きかけて、どんなに一生懸命に自分たちの存在を証明しようとしているかを、不幸にも私たちはけっして知らないし自覚していないのです。

私は、霊が伝えて来るメッセージに絶えず驚かされています。私がリーディングを行う前に、すべての顧客に強調するのは心を開くという点です。彼らがたぶん起きると期待したり望んだりする事は、普通はけっして起きません。さらに、私がリーディングしている人と強い繋がりはない霊がしばしば現れます。

それでは、なぜあなたと関係のない霊が現れるのでしょうか？霊は愛する人々と繋がる機会が頻繁にはない、それどころか通常は全くないという事を覚えておいてください。実際には私たちと毎日交信しているのですが、私たちは彼らが与える小さなサインに気付いたり認識したりできないでいるのです。ですから、霊は交信する機会と分かると、あなたが彼らを知っていようといなかろうと繋がって来るのです。亡くなった人々の霊は、メッセージがなんとかして彼らの愛する人々に転送されるのを望んでいるのです。

ビルと家族

高校生（米国の10年生）の時に、私は親友のビルと出会いました。私たちは兄弟のようになり、毎日いつも一緒でした。私たちはお互いの家族の一員になりました。私たちが一緒でないのを見ると、誰もがもう一人はどこにいるのか尋ねたものです。ビルは私の高校生活での驚くべき霊的体験の多くを証明できる唯一の人でした。

彼は非常に懐疑的でしたが、今では本当の信奉者となりました。私は彼の家のキッチン・テーブルに座り、彼の家族全員のためにタロット・カードでリーディングをしたものです。カードと私の霊能的な感覚で、私は彼らの結婚、将来の仕事や彼らのすべての子供たちについて予言しました。

時が経過すると、私たちは新しい人々に出会い、古い友人たちとの関係は失われていきます。でも、ビルは学校を出た後何年もの間連絡を取り合った唯一の友人でした。しだいに、私が遠くへ移転したため連絡は少なくなり、2、3年の間、私はビルに全く会いませんでした。

その後、母の葬式で私はビルと彼の妻や家族たちと会いとても驚きましたが、それは、私たちにとっては実に心温まる訪問でした。私たちは、母にとても深く感謝する必要があったため、葬式をしないという母との約束を無視していたのです。ビルの母のデビーは葬式で私にこう言いました。

「あなたのお母さんのように、いつも私がいるのを忘れないでね。あなたはいつも私の息子だったのよ」

なんと美しい言葉なのでしょう。ビルの家族に再会して、私たちの交流が短い間途絶えていたのを私は申し訳なく感じていました。母が亡くなってから1年の間に、私はビルに何回か電話をしましたが、不幸にも交流は再度2、3年の間止まってしまいました。しばらくの間、私はビルが邪魔されたくないのだと思いました。

約2年間のこの時期に、私は霊と交信する自分の能力を悟り始めました。私は自分の成長期のほとんどを過ごしたレビットタウンの父の家に車で向かっていました。するとどこからともなく、私の心にビルの母親が割り込んできました。これは奇妙でした。ビルではなくて、ビルの母親なのです！私はそれを無視しようとしましたが、彼女について考えずにはいられないのです。

その後は、私は彼女に電話をするべきだと考え続けていました。でも、私は自分に気のせいだと言い聞かせ、ありとあらゆる言い訳を付けていきました。彼女に何を言うつもりなのだろうか？彼女は私の頭がおかしいと思うはずです。私は運転し続けて、その考えを心から追い出そうとしましたが、うまくいきませんでした。たぶん、最近彼女が私についてたびたび考えているのかもしれません。そう、それです。でもその後で、他の考えが私の心の中に浮かび上がりました。たぶん誰かが亡くなったのかもしれません。しばらくして、それが誰だか分かったような気がしました。それが自分から来ているのか、霊がこの情報を与えてくれているのか、確かではありませんでした。良かったのは、車の中に私に電話するよう話している女性がいるようだった事です。私はまたその時、その女性を知っているという奇妙な感覚を持ちましたが、もちろんそれはその女性が本当に私と車の中にいたとしての話です。

霊能者の難しい部分のひとつは、時々何が現実で何が鮮明な想像なのかを確定できない事なのです。私が繋がろうとしていない時に、霊と交信できると考えた事はけっしてありません。それが催促を無視しようとした理由でした。でもその女性はあきらめませんでした。

最終的に、私は電話するべきだと悟りました。もし電話しなければ、いつまでも彼女は私をほっといてはくれなかったでしょう。

父の家に到着した後で、私はビルの母のデビーに電話せざるを得ませんでした。留守電の応答が続きましたが、メッセージを残すつもりはありませんでした。最後に誰かが電話に出ました。デビーでした。彼女には私が誰なのか分かりませんでしたが、私は「1日中僕について考えていたでしょう?」とだけ言いました。それが必要な言葉のすべてでした。私は正しく、彼女には私がすぐに分かりました。私はなぜ電話したのかについて話し始めました。私は過去2、3週間か2、3ヶ月の間に誰か亡くなったかどうか聞きました。その後で、私は誰が亡くなったのかについて自分の考えを説明しました。結局、その人の名前を含めたすべてが文句なしに正しい事が分かりました。私はあらためてどのようにあの世と交信するかを彼女に説明しました。これは、この家族の以前のリーディングでは行いませんでした。

私は、彼女と家族のためにグループ・リーディングを行う必要があると説明しました。私は2、3日中に、準備をするために彼女に電話すると約束しました。彼女は私から電話するよう何回も念を押していました。私は選択の余地がなかった点を指摘し、それがそもそも電話した理由だと強調しました。

その電話は終わりましたが、その日はまだ終わっていませんでした。なんと30分のうちに、私はデビーの玄関のドアをノックしていたのです。ある人の霊が、彼女の家を訪問して私の姿を見せるべきだと言ったのです。これは私たち二人にとってはもうひとつの唖然とさせる体験でした。なぜなら、家族の人々が皆キッチンでまさに私の話をしているところだったからです！霊媒師としての最近の人生経験を分かち合いながら、私はしばらくそこに留まっていました。そして、デビーにその週のうちに電話する約束をして家路に向かいました。

再度、私は次に一緒になれる日を調べるため翌日に電話していたのです。その前には、私はデビーに会えるまで少なくとも2、3週間かかると言っていました。私は、それが事実でないと分かり驚いていました。私は2、3日以内に時間を設定できたのです。

グループ・セッション

リーディングの日が到来し、私は故郷の町に車で戻り、仲の良い友人と家族のように親しい人たちが、彼らの亡くなった家族と繋がる助けをするのを楽しみにしていました。カーラジオを聞いている時、ビルの妹のケリーが突然心に現れました。私は、たぶん彼女がグループ・リーディングに来るのだろうと思いました。

その時は、なぜなのかなと思いました。私には本当に理解できなかったからです。ケリーの母親と祖母や叔母は皆、彼女が会った事がない祖父と交信したがっていました。彼らはずっと以前に亡くなった家族との交信がしたかったのです。たぶん、これらの魂たちはケリーにとってはあまり重要ではないように思えました。でも再び、私は間違っていたのです。彼女はその場にいてメッセージを受け取ったのですから。

私は、すべてはどのように機能するのか長い説明をしてセッションを開始しました。私はいつもそうしているように、誰も特定の人との交信を期待すべきでないと言いました。それは、失望したり受け取ったメッセージが分からなくなったりする可能性があるからです。もうひとつ皆に強調した点は、家族以外の人々と交信する可能性もあるという事でした。例えば、彼らの夫たちと親しい人々や前の夫だったりします。これは常に強調するわけではないのですが、この時はその必要を感じていました。私は、ビルの妹のケリーにこのセッションではたぶん何のメッセージも受けないだろうとさえ言っていたのです。私は全く間違っていました。セッション全体は予想もしなかった方向へと進んで行ったのです。

最初に現れた情報は、部屋にいる誰かがおやっと思うものではありませんでした。しかしながら、それが私に伝わって来た時、とても明確で非常に強いものになりました。これは、その情報がグループの誰かに関係しているという私自身へのサインでした。

2、3分後に、ケリーが「私、そんな名前でそのような死に方をした姉妹がいる人を知ってるけど、その女性については知らなかったわ」と話し始めました。その時点で私は皆に、亡くなって天国にいる人々は、まだ生きている人たちと交信できるようだったら、どんな機会でも利用しますと強調しました。

私はケリーに、もしその情報が自分だけに関係しているようであれば、それは絶対に自分宛てのメッセージだと話しました。私はしばしば、無縁または遠縁の霊からのメッセージが人々に届けられるのを見て来ました。そのほとんどの理由は、メッセージが愛する人々に届けられるのを彼らが心から願っているからなのです。これが、この女性の霊に起きた事でした。一度ケリーがそのメッセージを理解すると、その霊は別の霊が現れる事ができるように引き下がりました。

皆が驚いた事には、再び私の焦点はそのグループで唯一、こうした体験をするとは考えていなかったケリーに向かいました。若い男性が非常にはっきりと現れ、私はケリーに、すぐにそれが誰だか確認できるとても正確な説明ができました。彼女はその人が現れるとは考えてもいなかったにもかかわらず、一瞬のうちに誰だか理解したのです。

若い男性は、ここ数年の間に亡くなった彼女の夫の兄弟でした。私はずっとこの家族の友人だったにもかかわらず、この若い男性については全く知りませんでした。彼はメッセージが間違いなく彼の家族に届くのを心から望んでいました。それを実現するためには、ケリーは彼の唯一の繋がりだったわけです。

彼は、信じないわけにはいかないほど正確な情報を伝えて、彼女がメッセージを得たのを確認しました。彼は葬式の間に棺おけの中に釣竿を入れた人がいたと話していました。彼女は釣竿については分かりませんでした。

その翌日、彼女は釣竿について確認できたと私に電話して来ました。彼女はまた、夫の家族のリーディングの予約を入れました。

私はデビーの家でのグループ・セッションがどう進行するか、私自身の感触を持っていました。単に私が皆をとてもよく知っているために、デビーがこのセッションから多くを得るだろうと思っていました。ビルの母のデビーが私の一番の信奉者で、他の誰よりもこういった事を望んでいました。

私はまた、最初に最近亡くなったデビーの叔母が現れ、その後に彼女の父が登場すると思っていました。デビーのためにまず届いたメッセージのひとつは、登場したい人が本当にその場にいるという事でした。その霊は私たちのまとめ役として最後に現れると知らせてくれました。

セッションは、私のエネルギーがバーバラ（ケリーとビルの叔母）の方へと導かれながら進行していきました。最初、彼女のかっての義母が現れました。彼女にはそれが誰か一瞬で分かりました。私は彼女に、「過去に義理のお母さんがあなたを好きではないと感じていましたね」と話しました。義母のメッセージは、彼女の印象は間違っているというものでした。これこそが、彼女が現れた理由でした。義母は彼女を娘のように愛していたのを知って欲しいし、この交信でそれを悟って欲しいと言いました。

彼女はまた、バーバラが交信したがっている人が現れようとしているとのメッセージを伝えて来ました。その人は生前冗談好きで、だから彼は天国でも同様なのだと思います。生前の性格を出すのは、私たちがメッセージを得るのを霊が確信しようとする、別の方法です。

バーバラは、何年も前に亡くなった彼女の夫からたくさんの情報を受け始めていました。すべてはとてもはっきりしていました。私にとっては、それは完全な会話のようでしたし、彼女にとっては間違いなく良い体験だったはずです。

このセッションのいくつかの時点で、私は７歳の少女と関連する不明瞭なメッセージを得ていました。他のメッセージと同様に、このメッセージは、誰かがその少女について思い当たるまで、私の心から去る事はなさそうでした。

この小さな少女について、私には二点がはっきりしていました。彼女は7歳で「行方不明者」のポスターで閲覧ができました。私が誰について話しているのか、グループの人は皆分かりませんでした。メッセージは全く明確ではなく、私はグループの人たちに質問する事でそれを分析しようとしていました。今までに、友人が小さな娘を誘拐されていないかどうか？今までに、この地域で小さな少女が行方不明になっていないかどうか？近所の人？何年も前の親戚？その時点ではまだ何も情報はありませんでした。その他についての情報も伝わって来ましたが、小さな少女の事は心に浮かび続けていました。

リーディングに入って約1時間、私は明確でなくはっきり認識できない名前を受け始めました。何度も試みたのですが、過去や現在にその名前と一致する人を思い出す人はいませんでした。その後で、私はとても明確な、今までに類を見ないメッセージを受け取ったのです。

「あなたは全く分かってないわ。休憩を取りなさい」

凄い！霊が実際に休憩を取れと言ったのです。この時点で、私はとても多くの情報をいつもより強く受けていたので、頭は取り乱して集中力が低下していました。私はそのメッセージを真剣に受け止めて、グループの人々にこんな事は初めてだと強調しながら、休憩のためセッションを止める事にしました。

休憩の後、私はセッションを再開しました。情報を受けるのに問題はありませんでした。セッションの始めのように、すべてのメッセージがはっきりと伝わって来ました。休憩は間違いなくグッドアイデアだったのです。私の焦点はビルの母と祖母に向かって行きました。月末だに、私の集中は2、3分おきにケリーや彼女の叔母のバーバラに戻っていました。しかし、リーディングの始めの頃とは違っていました。メッセージが短いのです。

私は1955年というような、奇妙な情報のかけらを受け取っていました。誰もその年を認識できませんでした。時折、その少女は現れて来ました。また、健康上の警告も伝わって来ました。メッセージはグループ宛てで、ある人は心臓に気を付けなければならないとの事でした。これは死の警告ではありません。普通この種の警告は、心臓手術のような将来の健康問題を防ぐためのものです。私は、この家系の中に心臓病を持った人がいると話しました。彼ら全員に必要なのは、運動をして食事に気を付ける事でした。

家族の中の祖母は、亡き夫について質問したがっていました。私は彼女に、ほとんどの場合、彼らは質問に答えないと知らせました。彼女は、夫が呼んでいた自分のニックネームを伝えられるかどうか知りたかったのです。驚いた事に、私はこれについてのいくらかの情報を受け取ったのです。

一般的に、霊は私が理解できるものを見せて、それで私は情報を正しく説明する事ができます。とにかく、私はいくつかのディズニーの映画を見始めました。それから、私がその映画と題名を全く知らないので、名前は得られないだろうと言われました。その後で、彼女の娘がほとんど一瞬のうちにその答えを出したのです。ニックネームはそのディズニー映画のタイトルの「リロとスティッチ」で、私はその映画を知りませんでした。

ひとつ驚いたのは、友人の母のデビーのために受けた情報でした。私はデビーを何年もの間知っています。彼女は、霊能者や幽霊についていつもとても強い関心がありました。ある時は、私たちは二、三人で一緒にリーディングができる霊能者に会いに行ったりしたものです。デビーはこのセッションをとても望んでいたようでした。ですから、セッションで受け取っている情報に私は驚いていました。

私はデビーの事をとてもよく知っているので、受け取っている情報が彼女とは関係なく、部屋にいる他の人に宛てられているのがすぐに分かりました。私は、天国や来世はないという結論に至ったと彼女に言われました。この理由は主に、彼女の父が近くにいるというサインを彼女に全く示さないのが原因でした。父は可能な限りそうするはずだと彼女は信じていました。彼女は父のサインを何も認識しなかったために、不信に陥ってしまったのです。残念な点は、私たちは皆いつもサインを得ているのに、単にそのようなサインを認識しなかったり、捨て去ってしまうのです。また時には、私たちは一生懸命サインを捜し過ぎるのです。これは、母が亡くなった時の経験から私にはよく分かります。これに付け加えるならば、その後デビーの父からは命日、誕生日やニックネームについてより多くの情報があり、今ではきっと彼女も信じるようになったと思います。

家族のセッションの後で、私はデビーを除いた皆が素晴らしい体験をしたのが分かりました。私は彼女に、「知人の中で、よりにもよってあなたがこうなるとは予想していなかったよ」と話しました。それは、信じられないほど多くの情報でした。彼女の父は、何週かのうちに示すべき別の証拠を探してみるとさえ言いました。彼もデビーが不信を持っている事を知っていたのです。これは、私のリーディングではしばしば起きる事です。霊は、単に人々が情報を得ているか確認するために、リーディングの後でサインを示すのが好きなのです。

このセッションでの悲しい出来事は、伝えられた心臓についてのメッセージ、あるいは警告でした。私たち皆は、祖母に息が荒々しいと話したのを覚えています。彼女はそれを普通の呼吸パターンに戻そうとしました。私は、特に煙草を吸わない人にとっては少し奇妙な呼吸だとさえ言いました。

2、3日後、彼女は心臓が麻痺で鬱血し、結局は集中医療センターに収容されました。病院に1週間いた後、彼女は家に戻りそれからはずっと元気でいます。

これは、自分だけの秘密にしていたある別の理由で、私を動揺させました。デビーと彼女宛ての電話を考えていたあの日、私には別の思いがありました。私は誰かが亡くなったような気がしたのですが、実のところ確かではありませんでした。この時に、私は祖母であるその人の事を考えていて、もしかしたら彼女ではないかなと思っていました。リーディングの間に、これを思い出せばよかったと思います。たぶん断片を繋ぎ合わせられたはずです。そして、警告は本当に祖母についてでしたが、彼女の問題は避けられなかったかもしれません。霊は本当に奇妙な方法で働きかけるのです。

行方不明の少女

家路に向かっている時、情報の多くは私の心から消えていました。多くのリーディングの後で、私はたくさんの情報を失います。しかしながら、このセッションのある部分は私から離れていませんでした。家に着いた後で、私に小さな訪問がありました。コンピューターの前に座ってメールをチェックしている時に、あの7歳の少女が頭に浮かびました。

2、3分後、私は自分が彼女の事を考えているのではなく、彼女の霊が私と一緒に帰って来たのが分かりました。私は、彼女がそのグループ・セッションとは何の関係もないのを理解していました。彼女は、私が湖の地域を運転していた時に同伴して来たと確信しています。完全にはっきりと彼女を見ると共に、私はありとあらゆる情報を受け取りました。それで、彼女が湖の中にいると信じるようになりました。彼女は誘拐され、殺されてそこに捨てられたのです。私は、それを実行した男のはっきりとした画像さえも受け取ったのです。

とにかく情報が多過ぎて、無視できませんでした。その情報から私は早朝まで、子供の行方不明者のウエブサイトに彼女の顔を見つけようと検索をしていました。しかし何も見つけられず、考えられるすべてを試しましたが無駄でした。あの1955年のメッセージは、どうもこの小さな少女と関係していると私は信じています。もしいくらかの情報を見つければ、辻褄が合ってくるでしょう。私の心から彼女を追い出せないので、探索を続けるつもりです。この事件の証拠を得て彼女を助けられたらと望んでいます。機会が来たら、私はいつも行方不明の子供たちを助けたいと思っていました。私は、自分がこの事件を徐々に解明すると分かってはいますが、いくらかの時間がかかるかもしれません。

第8章　交信のオン・オフ

何回となく、人々は私に歩み寄りリーディングをするよう頼みます。時々友人が「何か話してくれ」と言い、またある時はそれが全く見知らぬ人だったりします。もし私の仕事が車のメカニックだとしたら、あなたは私に「今すぐに車を修理しろ」と言うでしょうか？それでもやはり、人はそういうものです。

私が働いていたバーでの会話の途中で、ある人が私に向かってどんな仕事をしているか聞いた場合、霊媒師だと言うとそのような人たちは最初は笑いで応えます。ほとんどの人は最初私を信じません。冗談だと思っているのです。

時々私は、「私は死んだ人が見えます」と囁きながら冗談を始めます。彼らはいつも笑いながら応答して「違うよ、まじめに、何をしているの?」と聞き返します。

その後、私が再び霊媒師だと話すと彼らはまだそれを信じません。最終的に納得すると、ほとんどの人が私に向かって「それなら、何か話してくれ」と言います。彼らは、それがゲームだと思っているのです。

単純に、そのようにうまくはいきません。私はしばしば「外で買い物や何かをしている時どうしてるの?」と聞かれます。もちろん、私は買い物をしますが、1日24時間霊能者でいようとは思っていません。ほとんどの時間、私は霊との交信をオフにしたりオンにしたりできます。顧客のためのリーディングをする前に、私は20分から40分、瞑想や祈りをします。これが精神世界への回路をオンにして、その世界と「波長を合わせる」私のやり方なのです。仕事を完了する時は、私は別の感謝の祈りと短い瞑想で終了し、それがオフにするという事になります。

ですから、誰かが私に近付いて何か話して欲しい時、私が波長を合わせていない限り、私が好んで使う「良い1日を」以外に言える言葉はないのです。

さて、そうは言っても、常に例外はあります。私はもしかすると食料品店の列に並んでいて、後ろの女性に「お母さんが一緒にいて愛を送ってますよ」と話してしまいたい強い衝動にかられるかもしれません。そのような事は実際に起きたのですが、その人に言葉をかける事はけっしてありませんでした。私はその人に店の真ん中で取り乱して欲しくなかったし、それよりも私が変わり者だと思って欲しくなかったのです。逮捕されてしまう可能性だってあるのです。ですので、このような稀《まれ》な場合でも秘密にしておきます。

招かれざるビジョン

私が人々に強調するのは、霊能者は人が考えているような利点のすべてを持ってはいないという点です。それでも、自分の仕事に波長を合わせていない時に、様々な事柄が時折予告なしに現れます。何年も前のある夜、私がまだ昔の恋人と一緒だった時に、ニュージャージー州の叔母を訪問していました。叔母のフランと私は夜11時頃にキッチン・テーブルに座り、コーヒーを飲んだり話をしたりしていました。私は急に立ち上がり、その瞬間に恋人が誰か別の人とベッドにいるのが分かりました。叔母は最初笑っていて、私を大袈裟だと言いました。私は何度も繰り返して家に電話し、その後で携帯にも電話しました。一晩中返事がありませんでした。翌日、私が全く正しかったのが分かりました。どこからともなく現れた霊的な直感は、何年も前に終わるべきだった関係に私が終止符を打つ助けになりました。

私を悩ますもうひとつの事は、人々に私が仕事で何をしているか話すと、彼らは「それでは、私は何を考えていますか？」と聞く事です。そんな時私は、自分は霊能者ですとはっきりと言います。私は読心術者だと言いましたか？心が読めたらいいなと思います。もしその能力があるならば、たった今私はカジノにいてディーラーの心を読みお金をたくさん儲けているといます。私が持っている才能は、霊との交信や将来の出来事を予知できるという事なのです。

長い間、私は昔の恋人が悪い事をたくらんでいる気がしていました。しかし自分のために、それに気を付けてばかりいるのは不可能のように思えました。私の一部では、浮気が進行していると感じていましたが、私の他の部分では、それが自分自身の不安な気持ちの表れだと考えていました。真実を知るには、あまりにも奥深い事のように思えました。

その後で、ある日叔母の家のキッチンで、その答えが突然現れたのです。それは私が望んでいた答えやメッセージではありませんでしたが、私はそれで満足していました。霊が私の人生で必要な変化を成し遂げる手助けをしてくれていたと、私は信じています。霊はまた、これが私の正しい変化のために必要な現実の決定的な出来事だと知っていたのです。

思いがけなく情報が現れる時、それは霊が何かの理由で私に接触しているのが分かります。何年もの間にたくさんの出来事が現れてきましたが、そのいくつかは私にはどうにもできませんでした。

10代の始めの頃、大地震のビジョンが現れ続けていました。数日間、私は地球が足の下で揺れているような感覚がしていました。確かに私の家の地域で起きているような地震のビジョンを見ました。実際にその地震は起きましたが、私の家の地域ではありませんでした。結局それは、カルフォルニア州、ロス・アンジェルスでの最も大きな地震だったのです。

私の人生を通して、その他多くのビジョンが現れました。ある時、私は飛行機が墜落するビジョンを見たのです。それは人口密集地帯に墜落したようで、地上にいた人々も死亡していました。私は、大統領のような誰かとても有名な人が飛行機にいたような気がしていました。そう思えたのは、さらに今までで一番盛大な葬式のようなビジョンを見たからです。その出来事は、全国に深刻な衝撃をもたらそうとしていました。

約1週間、これらのビジョンが現れたり消えたりした後、友人や仕事先の人々に話し始めました。しばしば、私が見たビジョンを誰かに話し損ねると何か起きるのです。今回はすべてを満たしていました。2、3週間のうちに、有名な歌手で女優のアリーヤが自家用機の墜落で死亡しました。友人たちは電話で、これが私の見たビジョンかどうか聞いてきました。しかしそれは違っていました。それでも彼女は有名で、墜落でたくさんの人が死に、葬式も歴史上とても盛大なものでした。

それから1週間のうちに、私の見たビジョンが現実となったのです。私は、9月11日にニューヨークのツイン・タワーに衝突する飛行機を見ていたのです。その9・11のビジョンは、現実となった最も強烈なもので、それはとても大きな衝撃をもたらそうとしていました。

9・11のビジョンから2、3年後、別の普通ではないビジョンが現れました。実際には、約2週間で私が受け取った一連のメッセージとビジョンで、それらはとても入り組んでいました。私は8月14日という日付を受け続けていました。何か大きな事件がその日に起きようとしているのが分かりましたが、何なのかは確かではありませんでした。私はまた、地震の予感もしていました。それで、それらすべてをまとめようと試みて、自分自身の結論に至りました。

私は、8月14日にきっと地震が起きるのだろうと思いました。唯一の問題は、それが重大事件になるかもしれないという点でしたが、飛行機の墜落ビジョンを見た時ほど恐ろしくないような気がしていました。このビジョンを見てから1週間以内で8月14日はまだほど遠い頃、私は小規模の地震が事もあろうに私の町で起きるような感じがしました。私はニュージャージー州のミルフォード郊外に住んでいました。そして、私は確かに足元の地面が揺れているのを感じました。私の住む場所、特にニュージャージー州ではこういう事は起きないのです。でも、それは実際に起きました。

その地震での怪我人はなく、大きな災害はありませんでした。未だに、私は全体的な日付についての混乱で何が起きているのか首をかしげていました。私はまだ8月14日について感じるものがありました。結局のところ、米国が歴史上最も大規模な停電を経験しているというニュースを聞いた時、私は休暇で遠くにいて、その日が8月14日だったのです。

実際には、ビジョンは両方とも正しくて、単にそれらを一緒にしたのが悪かったのです。地震があり、8月14日の停電は、多くの人々に衝撃を与えるような国家的な出来事だったのを証明しました。

ビジョンを見たり霊能者でいたりする事は、必ずしも私に恩恵をもたらすわけではありません。もし霊が私に何か知って欲しいならば話してくれますし、私自身またはある人が何かを知る運命でなければけっして知る事はありません。もし私がすべてを知る事ができたなら、母が亡くなるのが分かったと思います。たぶん、それを防止できたかもしれません。もし母が時間内に病院に到着さえしてくれていたら。もし私がその出来事を知るための十分な調和がありさえすれば。

でも繰り返しますが、私がそうしたとしても、すべては運命づけられているのです。どんなに若くても年寄りでも、どんなに良くても悪くても、どんなに醜くても、あるいはどんなに可愛くても、終わりの時が来れば終わりなのです。すべては主の計画の一部なのです。

時には、私の口から怒った言葉が飛び出します。一度16歳の少女が、生意気な態度で「そんなに凄い霊能者なら何か話して」と私に言いました。私は思わず「妊娠しているから医者に行きなさい」と口走ってしまいました。少女の口は開いたままでした。彼女は私の言った事を否定し、私が霊能者でないと言う以外の言葉はありませんでした。

数日後、彼女は自分の態度と疑念を謝罪し、自分が妊娠しているかどうかを知りたくて前回は来ていたという事を知らせに戻って来ました。

一方では、人々が何か質問する時、たとえ私がそれについてとても詳しく話せたとしても、あえて黙っている事があります。私は霊の領域での仕事をとても真剣に捉えています。私にとってそれは冗談ではないのです。私が霊能者だという事をあなたが二秒前に知ったからといって、私はあなたに何かを話すためにここにいるわけではありません。

私は自分の仕事を真剣に捉えているので、事前に祈りや瞑想のような私自身の準備をします。これは私が精神的エネルギーへ心を開くやり方ではありますが、精神的エネルギーと交信能力は常にそこに存在しています。

あの世からのメッセージ

私のパートナーのボブは、私が親しい人たちのリーディングをするのを好まないのを知っているのに、時々何か「魔法」のような事、つまりリーディングをしてくれと頼んできます。私は彼については知り過ぎていました。ボブの父は、数年前に肺癌で亡くなっていたので、彼が父親から話を聞きたいのは知っていました。私にとってよく知る人のリーディングはとても難しく、その理由は自分が何か十分に意味のある事を話せないような気がしてしまうからです。

私とボブが最初に会って彼の家族については何も知らない時に、私は彼とその母や二人の姉妹のリーディングをしました。でも今はよく知っているので、それがリーディングに何も現れないかもしれないという恐れを呼び起こすのです。

ある夜、ソファでリラックスしながらテレビを見ている時に、ボブは自分宛てのメッセージを手に入れる気になりました。彼は私に向かって言いました。

「何か魔法みたいな事しようぜ」

「魔法、どんな事だい？リーディング？」

もちろん、彼が何をほのめかしているのか知っていましたが、私は何であれそのような気分ではありませんでした。私はテレビを見ながら完全にリラックスしていて、そういった事が起きようとする気配は全くありませんでした。

「悪いな、ボブ」

でもわずか2、3分のうちに、ソファに座る私たちの隣に何かが存在しているのが強く感じられました。私は前に立っているボブの父親のビジョンを見ていました。彼は息子に渡すメッセージを私に送りました。私にはばかばかしく思えましたが、それを伝えたのです。

「おい、君の父さんの好きなスター・トレックの登場人物はスポック博士だよな?」

私はそう聞きました。

「なんだって?」

「君の父さんの好きなスター・トレックの登場人物は誰だったの? スポック博士だったでしょ?」

「知らないよ。なぜだい?」

「つまり、君の父さんがここにいて、スポック博士は彼の好きなスター・トレックの登場人物だと言っているんだよ」

「ああ、たぶんそうだよ」

「冗談抜きに、それが彼のメッセージで、理由があってそう言っているんだよ」

「どうしてそう言いたいのかな?」

「分からないよ。たぶん君が確認する必要があるなんらかの証拠かもしれないね」

それでボブは母親に電話して、父親の好みのスター・トレックの登場人物は誰か知っているか聞いたのです。彼女はあまり確かではないが、スポック博士だと思うと言っていました。それを聞いて彼は電話を置き、彼の父の件はその時は簡単に終了しました。

私たちはテレビを見続けました。番組は「奥さん交換」でした。この番組では、二つの家族の奥さんを1週間交換して、それぞれの奥さんはもう一方の奥さんの毎日の日課をこなします。この番組は、夜間に大きな反響と人気を得ようとしていました。

その番組で奥さんの一人は、もう一方の奥さんの夫のために小さなパーティを開くつもりで、その小さな行動によって、彼がいつも世話をしてもらっているという事を彼に示すつもりでした。まさに偶然に、その夫はボブの父のようにコンピューターにとても夢中になっていました。またさらに偶然に、その夫はスター・トレックの大ファンだったのです。

夫が帰宅すると彼はもちろんパーティに驚いていましたが、特にそれはすべての招待客が彼の好みのスター・トレックの登場人物の特別な小道具を身に着けていたからです。彼らは、皆スポック博士の小人のような先の尖った耳をつけていたのです。

その瞬間、驚いたのはその夫だけではありませんでした。ボブと私は驚きでお互いを見つめながらソファに座っていました。これは間違いなくボブの父からのサインでした。ボブの母は、スポック博士が本当に彼の好みのスター・トレックの登場人物だった事を彼の叔母に確認し、裏付けを取りさえしてくれたのです。

彼が父から受け取ったメッセージは、これだけではありませんでした。翌週かそこらのうちに、彼の父はそこにいる事を非常にはっきりさせたのです。

就寝の準備をしながら、私たちは寝室へ向かっていました。最初、普段となんら変わらない様子でした。誰かがベッドの横を歩いて寝室の奥へ消えていった時、私たち二人は偶然同じ方向を見ていてそれを目撃したのです。それは男性の全身の影でした。壁の上の影ではありません。それは人間で誰だか分かりませんでしたが、そのエネルギーは男性のものだという事は感じられました。ボブは今まで霊を見た経験は全くなかったので、かなり怖がっていました。でも、私は霊と交信するので怖くはありません。私は彼らが話すのを聞いたり感じたりしますが、頻繁に彼らを見る事はなく、特に私の寝室を通り抜ける霊は見た事がありません。ですから、この霊の出現には驚きました。彼は正体を見せるつもりはありませんでしたが、男性である事だけ知らせてくれました。

一方、ボブは完全に怖がっていました。

「誰なんだよ?なんなんだよ?」彼は隠れるために頭をベッドカバーで覆っていました。「まだここにいるのかい?」

私はただただ笑うしかありませんでした。不気味でしたが、おかしくもありました。

ボブは、時々それが私にとってどんなものなのかは少し経験していました。でも、その人は誰だったのでしょうか？私の感覚では、この出来事は単にボブに宛てた父からの別のメッセージだったように思います。人が霊を見る事ができる唯一の機会は、その霊が見られるのを望んでいる時です。自分の体験から言って、それが本当だという事が分かります。私が他の人たちのリーディングをして霊を視覚的に見る時、彼らは私が見るのを望んでいるので、私は彼らの容姿の説明ができます。

でも、いつも彼らを見るわけではありません。寝室を通り抜けて行った霊は、間違いなくボブに見て欲しかったのですが、私には誰だか知られたくなかったのです。なぜでしょうか？おそらく、彼は私が分かるのを知っていて、でも息子がそれを一人で確認し感謝して欲しかったのです。

特に私たちがメッセージは本当にあの世からのサインなのかを疑問に思う時、亡くなった家族は、時々先に送ったメッセージを再度証明したがります。けれどもそれがサインなのかそうでないのかについては、けっして疑問に思わないのがベストです。単にそれがサインであると認めてあげて、受け取ったサインに感謝する事が大切です。

長年自分の仕事をしてきて、私は霊が二つ目のサインや証拠を与えたがるのが分かります。霊は私たちにサインを送っているのが誰で、その人が傍にいて見守っているのを確実に知って欲しいのです。

例えば、ある顧客のリーディングをしている時に、私は彼女の父が、以前のメッセージを再度証明する事にとてもこだわっているのが分かりました。私は彼女にこう説明しました。

「あなたのお父さんは、最近あなたを訪問したと話していますよ」

「ええ、ジョセフ、たぶんそうだと信じていますわ」

「さて、お父さんは、あなたが家の掃除中に、彼と話したり歌ったりするのを聞いていたと言っていますよ」

「彼といつも話していますよ」

「彼は、階段の上の壁にある制服を着たある人の写真について話しています。彼は写真を落とし続けているのは自分だと言っています」

「なんてことなの、ジョセフ。感じていたわ。写真を落としているのは父だと何となく気が付いていたの。先日父と少し話をしていた時、彼の軍隊時代の写真が壁から落ちたの。その写真は階段のちょうど上に掛かっているのよ」

これは彼女の父にとって、写真を落としているのは自分だと再度証明する簡単な方法でした。私が言い続けているように、人は必ずしも証拠や再証拠を捜すべきではありません。証拠の方に来させてあげてください。

あなたに伝えられる事のすべてに注意を払ってください。遅れると分かっていても、なかなか出発する気にならない日もあったかもしれません。後になって、その日あなたがいつも通う道で大事故があったのが分かるのです。ほんの少し早くその場を発っていたら、事故に遭ったのはあなただったかもしれないのです。

自分への信頼とあなたが心に思いつく事はとても大切です。私はこの事実を顧客、友人、家族にメッセージを与える時に学んで来ましたが、ばかばかしかったり、風変わりだったりしても本当にメッセージなのです。

これらは毎日私たちを見守っている守護天使からのメッセージであるのと同様に、あの世の家族からのメッセージでもあるのです。

第9章　自分を責めるということ

死に対面するのはあまりにも辛いことですが、特に辛いのは最愛の人が亡くなり様々な問題がある時です。たぶんその人の死を止められたのでないかという罪悪感に取り組みながら、こうした問題は私たちを動きが取れない状態にしてしまいます。

例えば、あの世の叔父のチャーリーは、彼が亡くなる前にあなたが病院に到着しなかったのを怒っているとあなたは信じているかもしれません。あるいは、お父さんが自分の葬式や準備方法を嫌っているとあなたは信じているかもしれません。あるいは、あなたはいとこのエドワードの葬式に姿を見せなかったことを気にしているかもしれません。

私たちはある人の死に対応する時に、とても多くの事を心に抱えてしまいます。けれども私たちは、そういったことを手放す必要があります。どのような形にせよ、あの世で私たちに対して怒ったり動揺したりしている魂はいません。あちらではそのようにはなっていないのです。

あの世は美しい場所で、そこで亡くなったすべての人々が出会います。それは、私たちがこの次元で対応しなければならないようなネガティブな感情のない場所です。亡くなった家族は、ネガティブな事ではなく一緒に過ごした楽しくてポジティブな時間を思い出しながら、この世の人生をできる限り幸せに生き抜いて欲しいと思っています。私はこれらをリーディングや霊媒師としての仕事を通して学んできました。

人々を癒す

私は霊媒師は医者と同じ存在だと思っていますが、行った方がいいのになかなか行かない点が似ています。癒しが私の仕事の大きな部分で、それは感情的な癒しです。私たちの多くはこの癒しを必要としていますが、時折とても多くの感情を抑え込んでしまい、それに気が付くことさえありません。

あの世の霊との交信で、死への対応について多くを学びました。必要な人々に証拠を与える以外に、時折糖尿病とか心臓病のような病気の指摘をする、有益な医学的アドバイスのメッセージを受けることもあります。この仕事を長年してきましたが、私は自分が命を救うことにも役立てるのに気が付いていませんでした。

これは、私が対応した最も難しい顧客の一人と遭遇した、２００６年3月のある日にはっきりとしました。

気乗りしない顧客

カレンは、午後1時に予約を入れていました。12時55分に、彼女は道に迷ったと電話してきました。幸いにも、カレンは私の家へ向かう通り上にいて、信号三つほどの距離でした。私は彼女に向きを変えて反対方向に戻るよう話しました。簡単です。彼女は2、3分以内に到着するはずでした。ところが20分経ってもカレンは来ません。普通は予約時間の前に、私はなんらかの存在を感じたり、時には事前にメッセージを受けたりします。しかしながら、この時点で、私は全く何も感じていませんでした。

1時20分、まだカレンはいません。私はたぶん彼女の気が変わったのだと思いました。時折、人々は私を通して聞くかもしれないメッセージを怖がり、リーディングに誰かが現れて彼らを叱ったり、何か聞きたくない話をしたりするのを恐れます。

1時半頃、ドアのノックが聞こえました。カレンでした。私がドアを開けると、人を威圧するような嫌なエネルギーを彼女に感じました。私は電話を貰ってから35分もかかったことに驚いていると伝えました。カレンは気にしている様子はありませんでした。私は彼女から「偉そうな態度」以外何も受けとめていませんでした。

彼女はここに本当は来たくなかったのだと私は感じていました。彼女にどのように私を知ったのか尋ねると、彼女は否定的な態度で応答し、自分で見当つけたらと言ったのです。私はこの女性が嫌いになり始め、リーディングをするのが怖くなりました。

それでも私たちはリーディングをする部屋に入り、向かい合って座りました。私は彼女に誰か有名な霊媒師を知っているかどうか聞きました。私が聞いてみた最初の霊媒師の名前は、彼女からさらに否定的な態度を引き起こし、彼女はこう言いました。

「ええ、彼は老いぼれよ。すべてくだらないことだらけだわ」

「どういう意味？」

「すべて馬鹿げた話だと思うわ。私はどれも信じてないわよ」

「それでは、ここで何をするんですか？」

「友人が、あなたに会うのは私のためになるって言ったのよ」

「それならば、心を開いてあなたに伝わって来るメッセージを聞くべきですね」

私は「もしここにいたくないなら帰ってくれ。くだらない」と心で思っていました。リーディングの前に、私はそれがどのように機能するか説明し始めました。カレンはイライラした態度で息を切らし続けていました。彼女は私が開始したリーディングで全くくつろげませんでした。私はイライラしてきたので、テープ・レコーダーを止めてこう言いました。

「いいですか、ここにいたくないなら、たぶん帰るべきです。私は仕事を真剣に捉えているのに、どうもあなたは違うようです。ですからはっきり言いますが、それがお望みなら帰ってください」

「いいえ、私はリーディングをしたいんです。だから続けて」

私は録音ボタンを押して、もう一度リーディングがどのように機能するか説明しました。さらに否定的な態度とエネルギーが出てきました。カレンは、現れるのを望んでいるどんなエネルギーも遮断してしまうような壁を作っていました。明らかに、彼女には耳にしたくないか、向かい合いたくない何かがありました。彼女がそのエネルギーを遮断し続けようとしているにもかかわらず、彼らは私と交信し始めていました。彼女の母親が現れて来ました。名前から命日に至るまでのすべてが話されました。カレンは本当に私を怒らせ始めました。

「あなたはとても普通だわ」と彼女が言いました。

「何ですって？」

「それって、誰でもいいじゃない、それがとても普通だと言っているの」

「それは、単にこの時点でのあなたの意見でしょ。ただ聞いたらどうですか？」

そんなことは起きないのですが、もしあの世の人々が怒ることができたなら、カレンの母はこの時までに本当に腹を立てていたことでしょう。彼女の母親と他の人々からとても多くの現実的情報が伝わって来ました。私がカレンに話していたすべてが納得の行くものでしたが、彼女にとっては十分でありませんでした。

突然、別のエネルギーが現れ、リーディングを支配しました。するとカレンは、本当に素早く態度を改めようとし始めましたが、それは私が原因ではありませんでした。

「お母さんが、若い男性を連れていると言っています。彼は頭を指差していて、それが亡くなった理由だと話しています。彼は息子だと言い続けています。なので、彼はお母さんの息子さんかあなたの息子さんに違いありません。彼は23日が重要だと言っていて、私が思うに彼の名はフレディだと言っているようです」

感情と涙が溢れ出て、カレンは完全に自制心を失っていました。彼女は椅子のクッションに頭を横たえて大声で泣き、神経衰弱になったかのように震え始めました。

「何てことなの、何てことなの」と彼女は言いました。

「本当に彼なの？　本当に彼がそれをあなたに話しているの？　どうか真実を話してちょうだい。どうか、本当に彼だと言ってちょうだい」

「はい、本当に彼ですよ、私に作り話ができますか？」

「いいえ、もっと話してちょうだい」と彼女は懇願しました。

「彼は23と私に言い続けていて、銃を見せてくれました。彼は銃を集めていたか、たぶん銃で撃たれたのではないでしょうか。彼は、申し訳ないことをしたが、あれは事故だったと話しています。彼は、遺書やメッセージは何も残さなかったと言っています。それはあれが事故だったからだそうです。彼はあなたの母親のアンと一緒だと言っています。彼が元気でいるのをあなたからお父さんにも知らせて欲しいそうです。フレディはあの世で幸福で、あなたとお父さんも幸せでいて欲しいそうです。あなた方の関係は彼が死んでから崩壊していますよね。そのようなことを本当は見たくないそうです。彼はまた二人の姉妹に愛を送りたいそうです。ハッピー・バースデーと彼は言っていますが、誰かの誕生日の頃彼は亡くなったようですね。あなたの誕生日を楽しんで、その頃彼が死んだのを思い出さないで欲しいとのことです。彼は、物事は良くなって行き、あなたのご主人もこのテープを聞いて欲しいと言っています。あれは事故で、誰もそれが起きるのを防げなかったでしょう」

リーディングは終了し、カレンはかなり動揺していました。私たちは椅子から立ち上がり、私はカレンがとても必要としていた抱擁をしてあげました。それで彼女の感情がさらに表に出てしまいました。応接間に入って行くと、彼女は息子の死について話してくれました。

「私の息子のフレディは、とても親切で思いやりのある子だったの。彼は何かに何時間も遅れることになっても、ハイウエイで停車して、怪我した動物を助けたりしたものよ。彼はとても思いやりがあったわ。彼は狩猟が好きで銃を数丁持っていて、時々手入れをしていたの。彼にとってはすべてがうまく行っていて、狩猟ができるように森林地帯に新しい家を買ったばかりだっだわ。フレディは23日に死亡し、自分の家の裏庭で、頭を撃って彼のトラックの後部座席に座っている状態で発見されたの。警察は彼が遺書を残していないのに、自殺だと言っていたわ。私は、彼がそうするつもりはなかったのを知っていたから、あれは事故だと思っていたわ。彼は右腕を負傷していて、それは彼が狩猟に使う手だったわ。彼は銃の手入れをしていて、誤って顔に発射してしまったのだと私は信じているの。彼がよく銃の手入れをしていたのが、トラックの後部だったのよ。あなたは、私にそれが事故だったと証明できたわね、ジョセフ。本当にありがとう」

カレンが帰るのでドアを開けると、彼女は振り向いて、あるとても衝撃的な事を言ったのです。

「ジョセフ、もう一度あなたに感謝しなくてはいけないわ。これから、私はずっと長くいられるわね」

「どういう意味ですか？」

「正直に言わなくちゃね、ジョセフ。私も今週そうするつもりだったの。あの世で息子は私の世話が必要なような気がしていて、それをしてあげられる唯一の方法は、彼がそうしたと私が聞いていたように自分の命を絶つ事だったの。あなたが、彼は元気で私の母が世話していると証明してくれたわ。今は自殺する理由はないわ」

凄い！　この後、私は霊媒としての自分の仕事は、想像していたよりも多くの癒し効果があると悟ることになりました。

私の仕事はおそらくその体験に感動する多くの人々にとっては癒しとなるのですが、未だにそこにある癒しを受け取らなかったり認められなかったりする人々がいるのも確かです。

事故は起きる

ここにもうひとつの、最も唖然とさせる方法で亡くなった若い男性の事例があります。私がダンと呼ぶようになるこの紳士は、個人的リーディングのために私を訪れました。セッションの間に彼の息子が現れましたが、素晴らしいユーモアのセンスがあるとてもハンサムな若い男性でした。彼の名前はジェーソンでした。ジェーソンは亡くなった時22歳だったと言いました。

彼は、強いエネルギーとたくさんの冗談やユーモアと共に現れました。彼がどのように亡くなったかについてのメッセージが伝わって来た時、私の心は渦の中へ入って行きました。ジェーソンと二、三人の仲の良い友人は、彼の四輪駆動のトラックでオフロードの冒険に行く事にしました。ジェーソンと友人たちがうまく走り抜けられるだろうと考えていた小さな沼のぬかるみにタイヤが深くはまってしまうまでは、泥道を走り抜ける冒険はとてもうまく行っていました。トラックはタイヤの上部までぬかるみに浸かっていて、水位はバンパーの高さまでありました。別のトラックに牽引してもらう以外、そこから抜け出せそうもありませんでした。

このような苦境に陥ったのを父にひどく叱られると分かってはいましたが、ジェーソンは父に電話して状況を知らせることにしました。ジェーソンの父は助けを承知して、沼から息子を引き上げるために彼のトラックで出発しました。その間にジェーソンと友人たちは、心配そうに座って助けを待っていました。時間をつぶすため、ジェーソンは父が到着した時に鎖の準備ができているように、トラックの後部の窓から這い出ることにしました。このようにすれば、鎖のもう一方を父のピックアップ・トラックに接続するだけで済むはずでした。

トラックがまだ作動している状態で、ジェーソンは鎖を後ろのバンパーに掛けるためにトラックの後端に身を乗り出していました。1分以内に、ジェーソンは意識を失ったようでした。この時に、彼の父が到着し息子がトラックの後部に身を乗り出しているのを見つけたのです。誰かが反応できる前にジェーソンは死んだのです。1分以内の出来事でした。トラックの後部から出ている排気管が水の中に沈み、それが一酸化炭素の量を増大させていました。ジェーソンはそれを吸い込み、何であれチャンスはなかったのです。彼はこの事実を知る術もありませんでした。もし排気管が水の中に沈んでいなければ、この悲劇は起きなかったかもしれません。

しかしたとえジェーソンがこの人生ではこのような若い魂であっても、それが彼の時間だったのです。彼がこの人生で必要だった学びは完了したのです。今、あの世には彼のための使命がもっとあるのです。あなたには、ジェーソンの父や友人たちが体験した苦痛を想像できることと思います。「もしこうだったら？」「もしあの日に行かなければ？」「もしそこへ一分早く着いていれば？」「もし彼を窓から這い出させなければ？」というような考えが続くのです。

でも疑問や非難はあるべきではありません。単にそのように運命づけられていたのですから。

ただ神だけが説明できるこの出来事の理由があるのです。ですから、誰かが自ら命を絶ったり何か悲惨な死に方をしたりしてあなたをこの世に残して行ったとしても、あなたにはそれが起きるのを止められなかったという事をどうか学んでください。その人はあの世へ渡りそこで幸せにしています。

亡くなった人々は、神が私たちを選ぶ時まで人生を幸せに生きて行くのを見ていたいのです。

非難ゲーム

私たちはある人の死を止められなかったために自分を責めるだけでなく、葬式に行かなかったり、誰かが亡くなる前に会わなかったりした事で自分を責めます。リーディングの間に、顧客が、愛する人が亡くなる前に会いに行けなかったために苦しんでいるのを私はたびたび確認します。亡くなった人はあなたにそこから前進して欲しいのです。私は常にあの世には怒りがないのを強調しています。彼らは怒ろうとしたとしてもそれができないのです。あの世には否定的なエネルギーもありません。

霊媒師であっても、非難や罪の感情から免れられるわけではありません。数年前、いとこのマイケルが38歳で突然亡くなりました。マイケルは私たちが子供の頃にダニに刺されて、ロッキーマウンテン紅斑熱という病気になっていました。これによって、医者たちが原因を特定できない身体上の問題を抱えた人生になってしまったのです。彼の医者が薬剤を変えたその晩に、マイケルは亡くなりました。

マイケルはフロリダ州に住んでいました。私はその時、そこであった葬式に行くことができませんでした。私が葬式に行かなかったので彼が怒っているだろうと思いながら、それについて絶えずくよくよと考え続けるほど、この件は私を不安にしていました。これは本当に私を苦しめました。その後で、あの世のマイケルは、自分に会いに葬式に来る必要はなかったというメッセージを私に伝える決心をしたのです。

私はいつも霊を「見ている」わけではないと以前にも説明しました。私は、彼らとは感覚や音のようないくつかの方法で交信しますが、確かに時々彼らを見ることがあります。これは、そのような出来事のひとつでした。マイケルの葬式に行かなかった事を考えながら家の掃除をしている時に、私が振り向くと白いTシャツを着たこの大きな男が微笑んでいるのが見えたのです。私は、本当に飛び上がり大声をあげてしまいました。それはとても私を怖がらせたのです。私は誰かが家に忍び込んだのだと思いました。私が飛び上がると同時に、彼は消えてしまいました。私は笑い始めました。

「くそっ、マイケル、怖くて死ぬかと思ったよ！」

マイケルはトップ・レスラーで、とても大きな男でした。身長は６フィート４（約１９３センチ）で体重は３５０ポンド（約１５９キロ）もあり、だれかを怖がらせるのに十分な大きさでした。私は葬式に行って最後の敬意を心から表したかったのですが、かわりにいとこのマイケルが私を訪問したわけです。

祈りは通じる

もしかすると、あなたと親しいある人が重い病気かもしれません。あなたは毎日のように祈り、あなたの祈りでその愛する人がとても必要としている治療を得られるという信念を持ちます。時が経過して奇跡を願う時、あなたの毎日はどんどん増える祈りでいっぱいになります。その後でその人が亡くなったという知らせが来ます。あなたはなぜ祈りに答えてくれなかったのかと神を責めます。あなたは信念を失い、神がいるのならば祈りに答えて愛する人をあなたから奪わなかったのではないかと信じ始めます。今あなたは、前進するための祈りに信念を持てず無感覚で行き詰まっています。

長年を通して、これは私の顧客の多くの一般的な感情の状況だと気付きました。

私たちは望んだ事をいつも実現させられるわけではありません。それを期待するべきではないのです。それを、神のやり方で見てください。あなたの祈りは伝わりましたが、それはあなたが希望したかたちでの結果とはなりませんでした。でもあなたの祈りは、愛する人がいるべき場所へ行く助けになりました。それは、あの世へ渡る事です。

祈りや信念は両方とも重要です。仕事を行う前の決め事の一つとして、私は祈りに頼ります。私は仕事の時間の前に感謝しながら祈り、霊がはっきり正確に現れるよう頼みます。いわば、これが私がチャネルを開く方法です。仕事を終える時は、再び祈りに頼ります。それがチャネルを閉じる私の方法で、霊に私との交信を感謝します。

私は現れた霊が安全にあの世へ戻り、私がリーディングした人々が必要な癒しを得られるよう祈ります。祈りは通じ、信念もまた通じます。

第10章　天国で働く

天国はありますか？　あの世はどのようなものですか？　そこで彼らは何をしていますか？　亡くなった家族は私を怒っていますか？　彼らはこの世の私たちの行動が見えますか？

私たちの肉体が終わると、私たちすべてが行く場所があります。私たちは皆、いつかはあの世へ渡って行く魂を持っています。そこは、憎しみ、怒り、否定的感情がなく、愛、光、幸せにあふれたとても美しい場所です。

私たちの魂は、死んだ後いくらかの時間この地上に留まります。そのために亡くなった人々は、この地上の私たちに起こる出来事をとてもよく知っています。彼らは新しい子供たちの誕生、私たちが直面する困難な時期やその他多くを知っています。彼らはここでの私たちの人生について知りたいのです。彼らはそのエネルギーで私たちを癒そうとします。私たちはそれに全く気が付かないかもしれませんが、彼らはそこにいて私たちに知らせようととても努力しているのです。

天国の設定

あの世には違った階層があり、1年生から12年生（小学校から高校）までの学校のように設定されています。高い階層の魂は地上の私たちとよりよく交信できますが、低い階層の魂にとっては交信するのが困難かもしれません。

違った階層があるのには理由があります。私たちは何千年もの間にたくさんの人生を生きています。それぞれの人生は魂のための学びの体験です。

もしあなたがこの次元に来て習うべきレッスンを学ばないと、再び戻って来て学習するだけでなく、あなたはたぶんあの世で当初出発したのと同じ階層に戻ってしまいます。他人を傷つけたり苦痛を与えたりした人々は、元の階層から落第してしまいます。彼らは留年するようにあの世の同じ階層に戻るだけではなく、一段階あるいは二段階下がるかもしれません。

私は煉獄を信じているでしょうか？　私はカトリックの環境で育ったので、あなたはそう思うかもしれません。でも、私はそのような場所があるとは信じていません。それでも、あなたの魂は地上での悪い行いに対しては代償を払うべきで、またそのようになるでしょう。

あなたがあの世へ渡る時、一人かそれ以上の愛する人たちの出迎えがあります。その後、あなたのために彼らが開く大きなパーティーがあり、あなたの到着を祝いに集まった何百人もの魂たちに会います。彼らは地上での前の人生や多くの過去生で知り合った魂たちです。これはあなたが地上で達成した成果や精神的レッスンを祝う時間です。

それは同時に、しばらく会っていなかった魂たちに追い付く時でもあります。そのパーティーから、あなたは時には審議会と呼ばれる場所に案内されます。

審議会は、最高裁判所のようなものです。かなり年長でとても賢い魂たちのグループが、あなたが地上で達成した成果や達成しなかった案件を議論します。あなたと審議会の間で、あなたの魂がそこからどこへ行くべきかについて取り決めがなされます。それは、高い階層に行くか、もしくは賢人の審議会が指定した仕事をするかという取り決めです。

私はこれらの事実を、霊媒師としての経験、多くのリーディング、催眠術や過去生退行を通して学びました。

ジミーと天使たち

精神的な事については、子供たちにはとても直感力があります。私の甥が2歳くらいの幼児でちょうど話し始めた時に、私は彼の隣に座っていくつか質問してみたことがあります(この頃は、あなた自身の子供に質問するのに良い時期です)。

「ジミー、ここに来る前どこにいたの?」

最初、彼は困った顔をしていました。それから、大きな笑顔を見せて上を指差しました。その答えは私にはまだ十分でなかったので、再度彼に聞いてみました。

「ジミー、ママとパパとここにいる前、どこにいたの？」

ジミーは私をじっと見てこう言いました。

「僕はあの上にいたんだよ、ジョー叔父さん。あの上で天使たちと一緒だったんだ」

甥はその時に天使が何かというヒントを持っていませんでした。彼は宗教や天使に関連する環境で育っていませんでしたから。私は彼に、別の質問をしてみました。

「ジミー、あの上で天使たちといる前はどこにいたの？」

素早い返事が戻りました。

「叔父さんとここにいたよ、ジョー叔父さん。ずっと昔だけどね」

それから、ジミーは遊ぶために走り去り、私はしばらく呆然と座っていました。彼は確かに私の質問に答えたのです。

同じ羽毛の魂（同類の集まり）

あの世で魂が実際何をしているかに関しては、魂によって違います。

リーディングを行っている時、自ら命を絶った魂たちが同じ次元に一緒に現れるのは普通だと分かります。これは自ら命を絶った人々は一緒に同じ階層に落ち着くという意味です。悪い事ではありません。それはたぶんそのようなすべての魂たちが学ぶ必要がある階層なのでしょう。若い頃に、交通事故のような悲劇的な亡くなり方をした人々もまた、同じ階層に現れます。それはたぶん自ら命を絶った人々とは違う階層ですが、共通の学ぶべき別のレッスンがあります。

友人のマヒュー

私はすべての魂があの世で何を行い、またどんなレッスンを習う必要があるのかは正確には学んでいません。でも、彼らが行う「仕事」はあります。これが指定された仕事なのかどうかは、私には分かりません。私が学んだのは、一部の魂はとても激しい仕事を引き受けている事です。私はこれを、とても強烈で興味深いリーディングで学びました。これは一部の魂があの世で続けている活動だけでなく、いかに私たちの司法制度や政治家たちが本当に間違っているかを示しています。

ある日ブレンダという名前の女性が、私的なリーディングのため私に会いに来ました。彼女の周りにいくらかの深い苦しみがあるのを感じはしましたが、始める前に普通と違う様子は何もありませんでした。

リーディングは、言うならば、少しぼんやりした感じで始まりました。それは最初に様々な事柄がはっきりと現れてこないという意味でした。たぶん、現れた最初のエネルギーは必ずしもブレンダが話を聞きたい人ではなかったのでしょう。その後約十分で、若い男性が私とブレンダと交信するため前へ出ました。

若い男性は、自分の名前はマヒューだと言って、メッセージがブレンダにはっきりと正確に伝わるように、とても鮮明なイメージを見せ始めました。彼はママと言い続け、愛を「ママ」に送り続けていました。マヒューはブレンダの息子でした。マット（マヒュー）は私に彼の誕生日、命日、その他の重要な日付を伝え続けていました。それからマットは彼の姉妹、二人の兄弟と父の名前を知らせてきました。ブレンダの頬に涙が流れ落ちて、私は部屋の中の感情的エネルギーで圧倒されていました。

しかしながら、ブレンダとのリーディングはさらに興味深いものになりました。

マットは、彼が命を失ったあの恐ろしい夜の出来事のイメージとそれに関する追加情報を見せ続けていました。私はマットがブレンダに知らせようとしている事柄を説明し、彼女はそれを順に確認していきました。

「マットは10月について話していて、あなたにそれを知らせたいようです」

「マットは10月に殺されました」

「マットは私に銃を見せていて、二発の発射音を聞いています。彼が何を話しているか分かりますか、ブレンダ?」

「マットを撃った男は二回発射して、一発はマットの背中に、もう一発は彼の友人に当たったのよ」

「今彼はマイクという名前をくれて、WAWAコンビニ店（米国東部のコンビニ・チェーン）の看板を見せてくれています。マットはまた黄色のムスタング（フォード社の車種）の話もしています」

「マイクはマットの友人で、あの夜撃たれたけれど助かったわ。黄色のムスタングの男が撃って、すべてはWAWAの駐車場で起きたのよ」

マットはさらに続けて、母のブレンダのために追加の詳細情報を見せていました。その事件はこのように起きました。

ある夜、マットとほとんどが若い女性だった数人の友人たちは、煙草を買いにその店に散歩に出掛けていました。彼らが店の駐車場を歩いていると、店から出て来た男が女性の一人に何か嫌なことを言ったのです。マットは、若い女性のために立ち向かうタイプの男性だったので、その男に二、三売り言葉を返しました。そして口喧嘩になりました。

その男は、車に乗って走り去るかのように、彼の黄色のムスタングのドアを開けました。マットと友人たちは煙草を買うため店にそのまま向かっていました。彼らが店の方に歩いていた時、二発銃弾が発射され、マヒューーと友人の一人が地面に倒れました。マットは背中の真ん中を撃たれ、友人は後ろから肩を撃たれました。その男はためらう様子もなく、ただ車へ戻って行きました。その後で警察が到着しました。マットは銃撃による傷から生き延びることはなく、病院へ向かう途中で亡くなりました。当然ながらその男は逮捕連行されました。

それはマヒューーと交信する最初の体験でしたが、彼と私はその翌年にかけて数回交信することになりました。彼の家族や友人の多くは、マットと交信する希望を抱いて私に会いに来ました。どの時も、マットは外交的で面白い性格と共に、ベルの音のようにクリアに現れました。彼の家族の一人と会う前に、彼は二、三回、私の周りをブラついたりさえしました。

最初の交信がとても強烈だったので、私は次の交信が同じようなものになるとは思っていませんでした。でも、私が間違っていました。ブレンダが、マットと再び交信するために私に会いに来ましたが、それ自体は全く問題ありませんでした。

この時は、リーディングは違った方向へ進みました。マットは殺人犯に対して予定されている裁判で起きる出来事と、彼の父の報復の思いについてさらに細かく説明しました。彼は父にメッセージを送るよう強く要望しましたが、そのメッセージは父が犯人を許し気持ちを切り替えるためのものでした。マットは、彼を殺したその男は再び人を殺し、次回は全く違った状況になるだろうと言っていました。マットは、すべての人は彼が元気でいるのを理解して、それによって彼ら自身も元気になる必要があると断言していました。

マットは抗議の貼紙と、ニュース番組や新聞に関するある情報を見せました。マットはまた、彼の命を奪った男がその罪から逃れてしまうような印象を私に与えました。このブレンダとのセッションの間、マットはまた墓地の話を持ち出し、自分は墓地ではなく彼女と一緒にいるので、墓地に行く必要はないと言い続けていました。ブレンダはマットが亡くなってから毎日墓地に行っていると説明してくれました。そしてマットの父が当然ながらこの状況にとても怒っていると言いました。いくつかの彼のメッセージによると、それがブレンダを心配させ、マットの気を揉ませているようでした。

マットはその男を許したようには見えませんでしたが、それよりもあの世にいる自分の運命を受け入れたかのようでした。これは、マットが多くの場で持ち出した重要なメッセージでした。彼は関係するすべての人が、この件から気持を切り替えてできる限りそのメッセージを受け入れるのを望んでいました。

ブレンダに二度会った後で、私は彼女のエネルギーに違いを見る事ができました。ゆっくりですが、確実にブレンダにとっての癒しのプロセスが始まっていて、願わくは彼女の残りの家族も同様になってほしいと思いました。

でも、これがブレンダに会ってマットと交信する最後の時ではありませんでした。ブレンダは、三回目の訪問の時に残りの話を分かち合ってくれました。この時は、彼女は少し自分の状況を心配し動揺していました。警察が、証拠として維持していたマットの血痕の付いた服や所有物をやっと返還してきました。ブレンダは特に、裁判の結果で非常に苦しんでいました。

マヒューを殺し彼の友人を撃った男は、たまたま地元の政治家と関係があったのです。告発された男は二人の男を撃ち一人を殺しているので、殺人の容疑で訴えられました。主席検事はこの男を終身刑にするため躍起になっていました。その後、突然、訴訟は却下されたのです。誰かを背中から撃ち殺して、罰されずにいるなんて信じられますか？

私たちのセッションの間に、マットが伝えてきたメッセージと共にその話を聞いた時、私は実際にブレンダが体験している苦痛の一部が感じられました。その時私は、なぜマットが彼の父が取るかもしれない行動を心配して現れたのか理解できました。マットは、結局はカルマによって殺人を犯した男は報いを受けることになると伝えて来ました。

マヒューのあの世での仕事

時は経過し、ブレンダと彼女の娘とのセッションを数回持ちました。その時、私は友人のマヒューからあるレッスンを学びました。マットと私はこの物理世界では、実際には全く会っていないのですが、この時点で私は彼を友人のように感じていました。このセッションの間、いつものようにマットは遊び好きな性格と共に現れましたが、今回はむしろ先生が講義をするような感じでした。

彼は、この事件から気持を切り替える努力をするよう皆に頼みましたが、あの男はいくつかの悪いカルマを刈り取ることになると断言しました。実際にマットは、その男が将来再び誰かを撃つだろうという感触を私に伝えました。私はこれが本当でないと願っています。その後で、マットは墓地について話し、癒しのプロセスに少し進歩が見られてうれしいと言いました。

ここで、ブレンダは昨日が墓地に行かなかった最初の日だと言いました。マットは母が墓地に行かないのは正しくて、実際その方を好んでいると母に知らせていましたが、それが理解されたのを彼は確認しました。その後で、マットはできる限り母の近くにいたいと言いながらリーディングを終了しました。

しかしながら、彼はあの世で実行する仕事があると話していました。未だに苦しんでいる家族を見ることで、彼はその他の仕事に専念できないでいました。この特別の日まで、私は彼らのあの世での行動を全く理解していませんでした。

「僕は、聖クリストファー病院にいるんだよ」

マットが母に言いました。聖クリストファー病院は、フィラデルフィアのよく知られた病院でした。彼は、あの世で遂行するべき仕事について説明し続けていました。今マットの霊は高い領域にいて、それは彼が地上での学びを終え、再びそこへ戻る必要がないという意味でした。

マットは、自分には羽がありいわゆる「天使」だよと言いました。彼が母に現在のあの世での活動について話し続けていた時、私は鳥肌が立ちました。

「ママ、僕はその病院で他の人にはできないやり方で子供たちを助けているんだ。彼らに光を見せてあの世へ渡れるようにしているよ」

このメッセージは、他のどのメッセージよりも私を魅惑しました。私は魂があの世で何を行うのかは、本当に何も知りませんでしたし、彼らが他の魂のためにこのような驚くべき活動をできるとは想像もしていませんでした。すべての魂のために、違った活動領域に多くの仕事があるのは疑いもありません。

そのメッセージの後で、マットの母は、マットは子供たちの扱いが上手で子供たちが自然に寄って来るのよと私に話していました。それを聞いた後、さらにすべてに納得がいきました。

手放す

多くの魂、特に子供たちは死んだ後あの世に渡ろうとしません。彼らは愛する人々に執着して、あの光の方へ行くのを拒否してしまうのです。その理由は、たぶん彼らがあの明るい光を怖がってしまうからなのでしょう。小さな子供たちは死の体験を理解していないし、時には自分が死んだことさえ分からないのです。彼らはそれを夢だと思います。

マットはあの世で子供たちがその光を怖がらずに見られるようにする非常に特別な仕事をしていて、それによって彼らは行くべき場所に渡って行けます。

渡るのが困難なのは子供たちだけというわけではありません。殺されたり、その他の悲劇的な死に方をしたりした人々は、家族や他の愛する人々に執着するかもしれません。

もしあなたに近いある人が、悲劇的な死、自殺あるいは殺人によって亡くなっていたら、あなたは彼らのために祈るべきです。キャンドルに火を灯し、彼らを呼び、あの光の中へ彼らが入って行くよう祈ってください。彼らにあの光の中に愛と平和があり、亡くなった他の人々がそこで待っていると知らせてあげてください。渡るのは問題ないと知らせ、先に進む許可を与えてください。

私は、私たちすべてが天使になるためにあの世に渡るとは言えません。あの世のすべての人が天使になるかどうかさえ確かではありません。そう願いたいですが、たぶん違うでしょう。高い階層にいる魂だけが、天使のエネルギーのようになると私は信じます。

彼らは人間的なレッスンをすでに学んでおり、さらに学ぶために地上に戻る必要はありません。今彼らは、あの世で天使として働きながら、より精神的な天使のレッスンを学び続けています。

第11章　あなたの中の霊能力

すべての人は霊能者ですか？　という問いに、多くの人が「はい」と答えるでしょう。もしあのエネルギーと波長を合わせられるならば、私たちは皆ある程度霊能者です。しかしながら、私自身のように一部の人々は才能を持って生まれて来ていると思います。それが霊能的才能、演技、演奏、歌等、他人に楽しみをもたらす才能、家の塗装、あるいは他の何であろうと、すべての人はある種の才能を持って生まれています。あなたの才能を使用するかどうかは、完全にあなた次第です。

神は私たちそれぞれに才能を与えていますので、私たちは自分の中にその才能を発見しそれを活用するべきです。不幸にも、多くの人々はその才能を発見しないか、あるいは有効な使い方をしていません。

私たちすべては霊的エネルギーと直感を自ら安全に引き出すことができます。霊的エネルギーを働かせるには、くつろぎの方法、創造的な視野と瞑想の方法を学ぶ必要があります。あなたが前向きで健康的な生活スタイルを持つのも重要だと思います。

私は、刺激的な出来事をできるだけ少なくして、バランスのある人生を維持しようとしています。健康な食事をし、運動し、ビタミンを摂取し、毎晩少なくとも8時間の睡眠を取る努力をしていますが、こういった事は霊媒師としての仕事のバランスを保つ助けになっています。

もしあなたが内側の霊的エネルギーに波長を合わせたり、あなたのスピリット・ガイド（守護霊）と連携したりしたいと切望するならば、あなたの目標達成の助けになるいくらかのエクササイズを活用してください。私は、あなたの内側の精神性を高めるのには瞑想が合っていると強く信じています。瞑想は人生の中の多くの面であなたの助けになります。それはあなたが心を休め、くつろいで、呼吸をする助けになります。瞑想は内なる自分とあなたの周りのエネルギーが調和できるようにしてくれます。

呼吸の準備

最初に、呼吸してくつろぐ方法を学びます。これは、正式な瞑想の最も難しいステップです。邪魔されないで座ってくつろげる場所を見つけてください。

私は、電話はオフにしてソフトで瞑想的なバックグラウンド・ミュージックを流すのを好みます。背中を真っ直ぐにして、両足を床にしっかり着けて座ってください。あるいは、座禅するように座っても構いません。眠ってしまうかもしれないので、横になるのはお勧めしません。

くつろげる場所を見つけてその場に落ち着いたら、呼吸の練習を始めてください。最初に肺をすっかり空にして一秒息を止めます。不快にならない程度にできるだけ深く息を吸います。もう一回一秒息を止めます。息をすっかり吐いたら再び息を一秒止めます。深い呼吸を続けて、息を吐いた時と吸った時の両方で一秒息を止めます。

しばらくの間このように呼吸した時点で、なぜ私が特に呼吸のエクササイズはたびたび練習しなければならないと言うのかが理解できるでしょう。もしあなたが瞑想の初心者ならば、次のステップに行く前にこの呼吸の練習を約一週間実行することを勧めます。あなたが瞑想を始めると、呼吸は自然に別のパターンに入り、もっとくつろいだ瞑想状態になります。瞑想の次のステップは、あなたがくつろぐために呼吸を使用する方法です。これは瞑想のくつろぎの部分です。もしあなたが心の休まらない極度に緊張する人、あるいは神経質な人の場合は、くつろいだ状態まで達成するのに少し長く時間がかかるかもしれません。しかしながら、ある程度くつろげて、少なくとも夜眠れる限りは、この状態を達成するのに問題はないはずです。

それでは、電話や邪魔の入らない座ってくつろげる場所に戻ってください。

1 両足を床に着けて両手を膝に乗せた楽な姿勢で座ります。肺を空にして深く息を吸う前に、しばらく息を止める呼吸のエクササイズを始めてください。呼吸を続けてください。

2 目の高さよりちょっと上の正面にスポット（点）を見つけて、これをじっと見つめ集中してください。目がスポットをじっと見るのに飽きて疲れ始めるまで、呼吸を続けて目をリラックスさせてください。スポットは焦点がずれ始めますが呼吸は継続します。次第にあなたのまぶたは重くなり、目を開け続けるのが難しくなります。

3 目を閉じて呼吸を続けます。あなたの目は完全にくつろいでいます。さあ、両足からスタートして体全体をくつろがせ始めてください。あなたの両足と両くるぶしがくつろぎ始めたのを感じ、体のその部分に息を吹き込んでください。息を吐く時自分に「くつろぎなさい」と言って両足、両くるぶし、両膝と両脚が地下に沈み始めるのを感じてください。

4 体のそれぞれの部分に息を吹き込み、息を吐くたびにもっともっとくつろぎながら、上体の方へ働きかけてください。臀部、背中の下、背骨へと向かってください。続けて肩をくつろがせ、それが両腕、両手、両指と下がって行くのを感じてください。首や頭に働きかけながら、あなたはくつろぎの綿の雲に沈んで行くかのように感じ始めます。

5 この時点で、ゆっくりと10から1へと逆に数えます。数える時、あなたはくつろぎの中へ深く入って行くでしょう。10から始めて息を吸い、自分にくつろげと言いながら9で息を吐き、8……7……6、それは今深くなって行き、さらにくつろいで、5、くつろいで、

4……3……2……1そして完全にくつろぎました。

6　あなたは瞑想から抜ける前に、少しの間このくつろいだ状態を座って楽しんで構いません。すぐに目を開けるのは、爽やかでなく疲れた感じになるので勧めません。瞑想を1から10まで数えて終了してください。

7　自分に「私は数を上に数えて瞑想を終えます」と言ってください。次のように言いながら数え始めます。「1……2……3、今上昇しています、4、さらに感じています、5、さらに感じています、6……7……8……9そして10」

8　今、リフレッシュして新鮮さを感じながら目覚めてください。これが、開始するためのとても基本的なくつろぎの瞑想です。

視覚化

次のステップは、始めは少し難しいかもしれませんが、マスターするのは簡単です。創造的視覚化は、瞑想の過程でとても大切なステップです。それは、あなたの目ではなく心で物を視覚化するという能力です。

これを説明する最も簡単な方法は、空想をイメージすると良いと思います。目を閉じた深い瞑想中に、あなたは心の目でイメージや様々な場所の光景を創造できるはずです。

この能力の開発を助けるために、次のような単純なエクササイズを、ちょくちょくしてください。

1 約3フィート（約90センチ）前の目の高さに、火を灯したキャンドルを置き座ってくつろぎます。

2 キャンドルと炎をあなたの目の焦点が合わなくなるまで数分間じっと見つめます。

3 目を閉じて、静止したまま目をリラックスさせます。数秒以内にあなたはキャンドルの炎を見始めるはずです。焦点が合っていないとしても、キャンドルの色や周りまで見えることでしょう。

4 火を灯したキャンドルで少なくとも20分から30分練習した後で、再度エクササイズをしますが、キャンドルは取り去ってください。

このエクササイズをマスターしたら、キャンドル以外の物を試すことができ、次第にあなたは目を閉じて、自分独自のイメージを創造できるようになります。

瞑想

もうあなたは、基本的なくつろぎと視覚化についてよく理解しましたから、三番目のエクササイズに進めます。これは私が好んで「平和瞑想」と呼んでいるものです。あなたはこのエクササイズで初めて、自分を深くくつろいだ状態にすることができます。あなたが完全にくつろいだ時、私はあなたを平和な場所へ導く案内をしますが、それはあなたが心で創造した場所です。あなたが創造して、その周りの環境から平和を感じるどんな場所でもいいのです。海岸、公園、小川や滝のそば、あなたが選んだどんな素敵な場所でもいいのです。

5 ゆっくり3から1まで数えます。1まで来たら、あなたは平和な場所に立っています。ではカウントしましょう。3、さらにくつろいでいます。2、そして1。

6 その平和な場所に立ち、あなたの環境を見回し始めてください。ただ息を吸ってあなたを取り囲むすべての美しさを取り込んでください。平和な場所の音、自然の音を聞いてください。もしその場所がビーチならば、海とカモメの鳴き声を聞いて、つま先の間の砂を感じてください。森の中であったなら、小さな滝のある小川の音や、遠くの大きな樫の木でキツツキがコツコツとつつく音が聞こえます。

7 その平和な環境の中で座ることのできる素敵な場所が見つかるまで、少し歩きまわってください。たぶん、そこは寄り掛かる木か、あなたの体に合うような石の上かもしれません。座る場所を見つけたら、あなたの環境を観察してください。

8　この時点で、あなたは瞑想を終えるため数を上に数えるか、あるいはもっと深い段階に進んで行くかもしれません。次の9でご案内する深い段階では、あなたは潜在意識の中へ深く入って行き、あなたのスピリット・ガイドたちと交信することができるでしょう。

9　今、あなたは平和な場所でくつろいでいます。基本の瞑想の時と同様に、10から1へ逆に数え始めてください。数え始めたら、自分に「それぞれの数字で私は潜在意識の中へ深く深く入って行きます。数字の1に届いたら、私は深い瞑想の中にいます」と言ってください。

あなたの心は完全にくつろいでいて、いかなるストレスも感じていません。意識のこのレベルでは、あなたはスピリット・ガイドあるいは守護天使と交信できます。私たちすべてはスピリット・ガイドと共にいて、一部の人々には、他者より多くのスピリット・ガイドが存在します。彼らはあなたを精神的な道へ案内するために一緒にいます。あなたのガイドは、すでに亡くなったあなたの知人ではありません。すべてのガイドはあなたがこの世に連れて来られた時からあなたと共にいます。彼らは私たちの魂より高い存在の天使です。あなたが地上に来る前に、彼らは指名されてあなたを選びました。あなたがそうであるように、彼らはあなたと交信するのを切望しています。

1　あなたが深い意識状態にいる時、あなたは人生の多くの局面でガイドたちに助けを求める事ができます。

2　あなたが特別に選んだ大好きな環境の中に座りながら、訪問してくれるようにガイドたちを招待してください。

3　あなたの大好きな場所で目を開けて、あたりを見回して景色を観察してください。

4　遠く離れた場所に、あなたの心が創造したドアが見えます。これが、ガイドたちがあなたの特別な場所に入るためのドアなのです。彼らをあなたの特別な場所へ招待すれば、彼らと交信して彼らについてもっと知ることができます。

よくある事ですが、もし彼らが姿を見せなくても失望しないでください。彼らの話を聞こうと耳を澄まし、あなたの環境に注意を払うようにしてください。

時々彼らは、鹿や蝶のような別の生き物の姿で現れます。もし彼らが現れなかったり彼らが話すのを聞けなかったりしても問題はありません。それは、彼らがそこにいないとか存在していないという意味ではありません。練習を続けるうちに、すべてができるようになります。

アルファ瞑想

私がする別の瞑想は、アルファ瞑想と呼ぶものです。これは私の七つのチャクラを開けて、意識をアルファ段階にしてくれます。アルファ段階とはあなたの心が睡眠の直前になった意識の段階です。

しかしながら、私たちの多くはアルファ段階を飛ばしてしまうか、眠りに落ちる前にかなり早くその段階を通り抜けてしまうようです。これは、とても忙しい生活の疲れによるものです。やっと就寝時間になり、私たちは知らないうちにすぐに深い眠りに入ってしまいます。

私がアルファ段階に入りチャクラを開くと、それが霊媒師の仕事を行う前の自分自身をよく調和させてくれます。アルファ段階では、私たちの脳はアルファ波を作り出します。それは、霊能的な仕事や治療のような活動ができる強力な意識の状態です。チャクラはエネルギーが流れる体の中の中心点です（チャクラに関する本は多数ありますので、チャクラがどう機能して、どのように治療に使えるのかについてご参照ください）。

あなたをアルファ段階の意識にするには、チャクラの色を順序正しく使用することが重要です。この瞑想を体験するには、七つのチャクラに関連する色、位置、数字を知る必要があります。

1　一番目のチャクラは、背骨の底部の股間に位置しています。その色は赤で数字は7です。

2　二番目のチャクラは、へその部分の少し下に位置しています。その色はオレンジで数は6です。

3　三番目のチャクラは、太陽神経叢と呼ばれ、胸郭の中央のちょうど下に位置しています。その色は黄色で数字は5です。

4　四番目のチャクラはハートチャクラで、当然心臓の場所にあります。その色は緑で数字は4です。

5　五番目のチャクラは喉のチャクラで、甲状腺のあたりに位置しています。その色は青で数字は3です。

6　六番目のチャクラは霊的エネルギーでのすべての仕事に重要です。それは第三の目チャクラとしてよく知られていて、脳下垂体を囲む眉毛の間に位置しています。その色は深い藍色で数字は2です。

7　七番目で最後のチャクラはクラウン・チャクラで松果腺を取り囲む頭の項点部に位置します。その色は紫で数字は1です。

チャクラがどこに位置するか分かったら、次の瞑想を始める前にそれらの色と数字を理解しているか確認してください。完全に理解した時点で、座ってくつろげる静かな場所を見つけて瞑想を始めますが、両足は床に着け（胡座の形）両手を膝に置き背筋は快適さを維持できる程度に真っ直ぐ伸ばしてください。

アルファ瞑想のプロセス

1　目を閉じ深く息を吸って開始します。

2　忙しい一日からのどんな感情、あるいは欲求不満も解放します。

3　肺からすべての空気を吐きだし一瞬息を止め、深く息を吸います。一瞬息を止め吐き出します。

4　息を吐く際に、大きな音と共に、振動するような、安堵の深いため息をつきます。

5　呼吸を継続し体の各部分をリラックスさせますが、足から始めてゆっくりと頭の頂点部へと働きかけます。急がないで、時間をかけてゆっくりくつろぎます。

6　10から1まで数え、各数字で自身をもっともっとリラックスさせます。1まで来るとあなたは完全にくつろいでいます。

7　次に、目を閉じて、あなたの前にスクリーンかテレビ画面を視覚化します。そして、あなたの底部チャクラ（一番目のチャクラ）に集中します。

8　スクリーンに、赤色の形が7になるのをイメージします。

9　息を吸って赤色を取り込み、あなたの底部チャクラの場所でゆっくりと回転する赤い光のボールをイメージします。あなたはその場所に、うずくような感覚さえ覚えるかもしれません。

10　次にへそのチャクラへ進み、色がオレンジになるのをイメージします。あなたの前のスクリーン上では、オレンジ色が数字の6を形作っています。

11　ゆっくりと上に向かって働きかけ太陽神経叢と黄色の数字5に向かいます。それから緑で数字4の心臓へ向かいます。あなたが最後のチャクラとその色に到達するまで、進み続けてください。

12　この時点で自分に「私は今アルファ段階の意識にいます」と言ってください。あなたは時々まぶたが速く震え始めるのに気が付くかもしれません。これは、あなたがアルファ段階の意識を達成した確かな兆候です。

この意識の段階を楽しんで、他人を癒すエネルギーを発動させるか、あるいは霊能的な仕事のためにそれを使用してください。

私はリーディングをする前に、いつも自分をアルファ段階に持って行きます。私はアルファ段階まで数を逆に数え、霊媒師の仕事を行うため目を開けます。仕事を終えると目を閉じて、リラックスして数を上に数えてアルファ段階から抜けます。

あなたは、単純に1から7まで数えればアルファ段階から抜けることができます。その後で1から10まで数えて瞑想を終えます。

もっと深く行く

さらに深い意識の状態を達成するため、次のエクササイズを試してください。私は過去生に関するリーディングや仕事をする前にこのエクササイズをします。

1　アルファ段階を達成した時点で、長い廊下をイメージします。あなたはその廊下の終わりに全部で10段の下り階段を見つけます。数字10から始めて、床の高さ番号1まで階段を数えます。階段1段ごとに、潜在意識に深く深く進んでいるのを自ら確認してください。

2 あなたが階段の下に着くと別の廊下が見えますが、この時は数枚のドアがあります。それぞれのドアにはあなたの好みの標識が付いています。あるドアは「過去生」かもしれませんし、別のドアは「スピリット・ガイド」かもしれません。進み続けて潜在意識を探検してみてください。この瞑想での行動のすべては、完全に正確で正しいということを理解してください。ドアを観察しながら廊下を歩き進み、ひとつドアを選んで開けてみて、反対側に何があるか探検してください。

ここまでで、あなたはどのように自分をくつろぎの状態にして、どのように瞑想するかをよく理解したはずです。くつろぎと瞑想はまた、人生の精神的な面とさらに調和したり、あなたの周りの事柄をさらに理解したりする助けになるので、今後亡くなった家族が彼らの存在のサインを示した時、あなたには準備ができていることでしょう。

☆☆☆

これまでで、あなたが亡くなった家族があの世で元気でいるのを学んでいただけた事を願っています。あの世へ渡った人々には苦痛や不快感はありません。私たちはあの世へ渡って行く時に、病気やどんな否定的な感情も持って行きません。亡くなった家族は、どのような形でもあなたを怒ってはいません。最も重要なのは、彼らは記念日のような特別な場合と、特に私たちが困難に直面している時に訪問して来るということです。

忘れないで欲しいのは、私たちは皆ここでたくさんのレッスンを学びますが、亡くなった人々からはこれらのレッスンの助けを期待できないということです。

彼らは霊の形で私たちと共にいて、私たちの魂に慰めを与えていますが、私たちがここに来て学ぶレッスンを妨害できませんし、また助けることもできません。

亡くなった家族はあなたと共にいて、あなたの人生の出来事を知っています。彼らはあなたの成長を見てきましたし、子供たちが生まれるのも見てきました。

そしてある日、あなたは再び彼らに会うのです。

ジョセフ・ティテル

霊的感性《れいてきかんせい》の気《き》付《づ》きかた

ジョセフ・ティテル著　永井涼一《ながいりょういち》訳

明窓出版

平成二八年三月一五日初刷発行

発行者 ―― 麻生 真澄
発行所 ―― 明窓出版株式会社
〒一六四―〇〇一二
東京都中野区本町六―二七―一三
電話 （〇三）三三八〇―八三〇三
FAX （〇三）三三八〇―六四二四
振替 〇〇一六〇―一―一九二七六六
印刷所 ―― 中央精版印刷株式会社

落丁・乱丁はお取り替えいたします。
定価はカバーに表示してあります。

ISBN978-4-89634-360-1
ホームページ http://meisou.com

<著者：ジョセフ・ティテル略歴>

ジョセフは幼少の頃から一般の人々には不可能なものを見たり感じたりしている。
10代の頃、ある霊能者から「あなたには特別な才能があり、それは世界中に知られることになる」と言われた。しばらくして、超常現象や霊的な世界の旅に出発し、家族や親しい友人のためにリーデングを開始、19歳になる頃にはリーデングのプロになっていた。

それから20年以上たった今、ジョセフはその才能を全開にして、あの世に行った愛する家族や友人と人々が繋がるのを助け、心の癒しをもたらしている。ジョセフを通して受け取るメッセージは感動的かつ衝撃的だが、ユーモアのセンスにも富んでいる。ジョセフは霊能者としての仕事を真剣に捉えており、その現実的なアプローチは世界的な評価を得ている。
日本では、東日本大震災をその年の正月に予言したことで注目され、多くのファンがいる。

<翻訳者：永井涼一略歴>

高校卒業後、サンフランシスコ市のアカデミー・アート・ユニバーシティで写真を専攻。その後フリーの写真家になる。

20代の後半、市場に出始めたアップルやIBMのパーソナル・コンピューターに触発されて独学でコンピューター言語を習得し、ある会社にシステム・エンジニアとして採用される。その後外資系企業に転職し、情報システム部長として定年を迎える。

定年後再び創作意欲に目覚め、書籍のプロデュースや翻訳活動をしている。

聖蛙の使者KEROMIとの対話

水守啓（ケイミズモリ）著

行き過ぎた現代科学の影に消えゆく小さな動物たちが人類に送る最後のメッセージ。
フィクション仕立てにしてはいても、その真実性は覆うべくもなく貴方に迫ります。「超不都合な科学的真実」で大きな警鐘を鳴らしたケイミズモリ氏が、またも放つ警醒の書。

（アマゾンレビューより）軒先にたまにやってくるアマガエル。じっと観察していると禅宗の達磨のような悟り澄ました顔がふと気になってくるという経験のある人は意外と多いのではないか。そのアマガエルが原発放射能で汚染された今の日本をどう見ているのか。アマガエルのユーモアが最初は笑いをさそうが、だんだんその賢者のごとき英知に魅せられて、一挙に読まずにはおれなくなる。そして本の残りページが少なくなってくるにつれ、アマガエルとの別れがつらくなってくる。文句なく友人に薦めたくなる本である。そして、同時に誰に薦めたらいいか戸惑う本である。ひとつ確実なのは、数時間で読むことができる分量のなかに、風呂場でのカエルの大音量独唱にときに驚き、ときに近所迷惑を気にするほほえましいエピソードから、地球と地球人や地底人と地球人との深刻な歴史までが詰め込まれていて、その密度に圧倒されるはずだということである。そして青く美しい惑星とばかり思っていた地球の現状が、失楽園によりもたらされた青あざの如く痛々しいものであり、それ以前は白い雲でおおわれた楽園だったという事実を、よりによってユルキャラの極地の如き小さなアマガエルから告げられる衝撃は大きい。　1300円（税抜）